Leif R. Montin

MONTRÉAL

Escapades en ville!MD

52 sorties divertissantes
ici même à Montréal

PUBLICATIONS SANS DOMICILE FIXE

Escapades en ville! Montréal
52 sorties divertissantes ici même à Montréal
1re édition

Publié par:

Publications Sans Domicile Fixe, C. P. 65, succ. Notre-Dame-de-Grâce, Montréal (Québec) H4A 3P4 Canada

Courrier électronique: nfa@cam.org

Rédaction: Leif R. Montin

Recherche: Sophie Dupré

Révision (version anglaise): Karin Montin

Traduction: François Lanctôt, Pierre-Yves Marcoux, Jocelyn Paquet

Révision (version française): Françoise Côté

Cartes: Kate McDonnell

Conception graphique: Irma Mazzonna

Symboles supplémentaires: John Custy

Photographies: Leif R. Montin ou Publications Sans Domicile Fixe (à moins d'avis contraire)

Photographie de l'auteur: Owen Egan

Photographies de la couverture:

Place Jacques-Cartier (source: Stéphane Poulin);
Le Parc régional de la rivière des Mille-Îles
Circuit 500

Distribution (Canada):

J.D.M. Géo Distribution inc., 5790, chemin Donahue, Saint-Laurent (Québec) H4S 1C1 Canada

Tél.: (514) 956-8505; téléc.: (514) 956-9398

Distribution anglaise (Canada):

Hushion House, 36 Northline Road, Toronto, Ontario, M4B 3E2, Canada

Tel: (416) 285-6100 Fax: (416) 285-1777

Données de catalogage avant publication (Canada)

Montin, Leif R., 1963-
   Escapades en ville!, Montréal : 52 activités divertissantes ici même à Montréal
   Traduction de: Get around town!, Montreal.

Comprend un index.
ISBN 0-9681732-5-X

   1. Montréal (Québec)—Guides. 2. Montréal, Région de (Québec)—Guides. 3. Spectacles et divertissements—Québec (Province)—Montréal—Guides. 4. Spectacles et divertissements—Québec (Province)—Montréal, Region de—Guides. I. Titre.

FC2947.18.M55414 1999   917.14'28044   C99-900995-8   F1054.5.M83M55414 1999

Imprimé au Canada

Montréal et ses environs

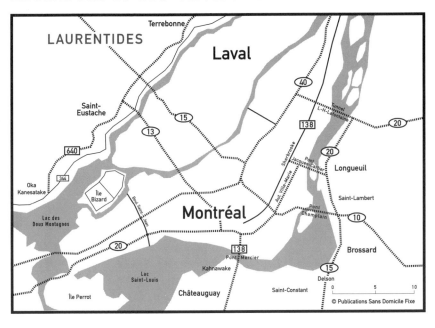

Merci mille fois à Pierre-Yves pour ses précieux conseils.

*Je tiens aussi à remercier Patrice Poissant,
Rosalyne Hébert, Pierre Tugas et Gilles Bengle,
pour toute l'aide qu'ils m'ont apportée.*

Table des matières

Liste des symboles

 Accès en fauteuil roulant

 Activités destinées aux enfants

 Aire de pique-nique

 Animaux de ferme

 Bicyclette ou vélo de montagne

 Boutique de cadeaux

 Canotage ou sports nautiques

 Casse-croûte

 Centre scientifique

 Chaloupe

 Chiens acceptés

 Descente en chambre à air
ou en traîne sauvage

 Destination romantique

 Entrée gratuite

 Événement saisonnier

 Glissades d'eau

 Journée pluvieuse

 Kayak

 Lieu historique

 Musée

 Natation

 Observation d'oiseaux

 Observation de la faune

 Patinage

 Patinage à roues alignées

 Pêche

 Pédalo

 Randonnée pédestre

 Raquette

 Restaurant

 Ski de fond

 Spéléologie

 Trains

Volley-ball

Bienvenue
à Montréal!

Montréal est une ville formidable où il y a beaucoup à voir et à faire. Et il n'y a pas meilleure façon de s'en convaincre que de le constater par soi-même! Voilà exactement ce que vous propose ce guide. Cyclistes, randonneurs, amateurs d'espaces verts ou de musées inusités... vous trouverez une idée qui vous allumera, peu importe la saison ou le temps qu'il fait.

La riche histoire de la ville se découvre en détail au fil des rues en pavés du Vieux-Montréal, ou se laisse contempler dans son ensemble depuis le sommet du mont Royal. Mais il n'y a pas que l'histoire. Il est facile de s'échapper en pleine nature sans trop s'éloigner. Que vous souhaitiez canoter sur une rivière, visiter une ferme expérimentale, traverser des boisés encore vierges ou simplement vous installer pour pique-niquer près d'un cours d'eau, vous trouverez de tout sur l'île — ou juste à côté!

• Vous vous demandez quoi faire? Feuilletez le guide jusqu'à ce que quelque chose attire votre attention. En un coup d'œil à la marge, vous saurez ce que la destination a à offrir, y compris si elle est «fréquentable» par un jour de pluie.

• Vous savez ce que vous cherchez? Consultez notre répertoire. Sous des catégories d'activités telles que la natation, le ski de fond ou le karting, nos suggestions vous mèneront là où vous souhaitez aller.

Alors, qu'attendez-vous? Allez faire un tour en ville!

Le centre de la ville

On dit Montréal faite pour la marche et c'est encore plus vrai dans son centre, quadrillé et construit au temps où l'automobile n'existait pas encore. Le flâneur en appréciera davantage les attraits: Sainte-Catherine et sa concentration de grands magasins, de boutiques et de cinémas... le chic des rues Crescent et Bishop... le métissage culturel du boulevard Saint-Laurent (qu'on appelle encore parfois la *Main*)... et la rue Saint-Denis, reflet des plus récentes tendances. ✪ Le passé et le présent s'y interpellent.

Tours modernes et manoirs en pierre de taille du tournant du siècle, constructions néo-classiques et postmodernes cohabitent dans une relative harmonie. Les styles de vie aussi, gens d'affaires et artistes partageant le comptoir des mêmes cafés, des mêmes bars et fréquentant les mêmes restaurants. ✪ Les attractions regroupées dans cette section sont des plus variées, d'une visite à la Bourse à un «lunch-croisière» dans un restaurant dont le décor rappelle la belle époque des paquebots. Nous vous proposons également quelques idées «sans domicile fixe». L'association Héritage Montréal, par exemple, organise des visites à pied des plus beaux quartiers de la ville. Et si vous souhaitez vous évader de l'île mais ne

possédez pas de voiture, vous serez heureux d'apprendre que quatre clubs offrent des excursions d'un jour à la campagne et organisent votre transport. ✪ Les autres endroits intéressants qui ne sont pas couverts par nos articles sont répertoriés dans le guide éclair «Attractions principales» à la page 145.

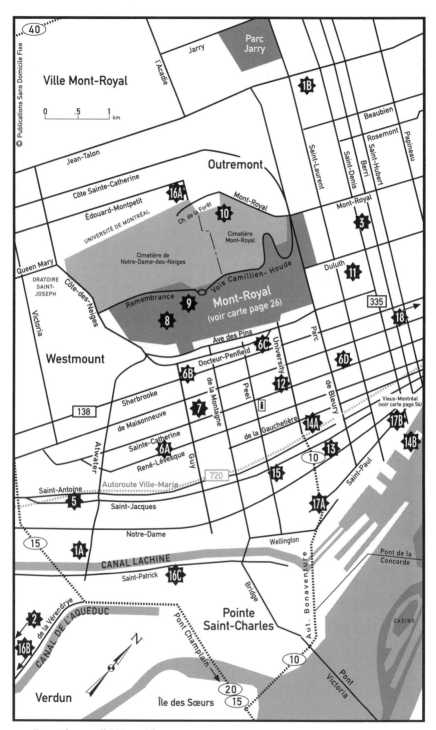

DESTINATIONS

1A. Marché Atwater
138, ave Atwater
(514) 937-7754
p. 12

1B. Marché Jean-Talon
7075, ave Casgrain
(514) 277-1588
p. 12

2. Aquadôme
(514) 367-6460
1411, rue Lapierre
p. 14

3. Ceramic Café
4201B, rue Saint-Denis
(514) 848-1119
p. 16

5. Musée des ondes Émile Berliner
1050, rue Lacasse,
suite C-220
(514) 932-9663
p. 20

6A. Centre canadien d'architecture
1920, rue Baile
(514) 939-7026
p. 22

6B. Musée des beaux-arts de Montréal
1379, rue Sherbrooke Ouest
(514) 285-1600, poste 136
p. 22

6C. Musée Redpath
845, rue Sherbrooke Ouest
(514) 398-4086, poste 4092
p. 22

6D. Musée d'art contemporain
185, rue Sainte-Catherine
Ouest
(514) 847-6226
p. 22

7. Héritage Montréal
2180, rue Crescent
(514) 286-2662
p. 22

8. Parc du Mont-Royal
(514) 872-6559
p. 28

9. Maison Smith
Parc du Mont-Royal
(514) 843-8240
p. 30

10. Cimetière Mont-Royal
1297, chemin de la Forêt
(514) 279-7358
wp. 32

11. Bains publics Colonial
3963, ave Colonial
(514) 285-0132
p. 34

12. Le 9ᵉ (restaurant d'Eaton)
677, rue Sainte-Catherine
Ouest
(514) 284-8421
p. 36

13. Bourse de Montréal
800, square Victoria
(514) 871-3582
p. 38

14A. Amphithéâtre Bell (patinoire)
1000, rue de la Gauchetière
Ouest
(514) 395-0555
p. 40

14B. Bassin Bonsecours
Vieux-Port de Montréal
(514) 282-5256
p. 40

15. Planétarium de Montréal
1000, rue Saint-Jacques
Ouest
(514) 872-4530
p. 42

16A. CEPSUM (Université de Montréal)
2100, boul. Édouard-Montpetit
(514) 343-6150/343-6993
p. 44

16B. Cégep André-Laurendeau
111, rue Lapierre
(514) 364-3320, poste 249
p. 44

16C. Allez-Up
1332, rue Shearer
(514) 989-9656
p. 44

17A. Association des modélistes ferroviaires de Montréal
891, rue Saint-Paul Ouest
(514) 861-6185
p. 46

17B. Exposition de trains miniatures de Montréal
350, rue Saint-Paul Est
(514) 842-6822 ou (514)
872-7730
p. 46

18. Écomusée du Fier Monde
2050, rue Amherst
(514) 528-8444
p. 42

INFORMATION TOURISTIQUE

Tourisme Québec (centre infotouriste)
1001, square Dorchester
(514) 873-2015,
(800) 363-7777

Office des congrès et de tourisme de Montréal
1555, rue Peel
(514) 844-5000

Société de transport de la Communauté urbaine de Montréal (STCUM)
(514) AUTO-BUS (288-6287)

Les trois magnifiques
marchés de Montréal

Q uelle joie que celle de se promener dans un marché et de toucher, sentir et même goûter les fruits et légumes frais qu'on s'apprête à acheter! C'est une expérience qui met invariablement l'eau à la bouche. Et les trois grands marchés de Montréal, où l'on trouve les fruits et légumes savoureux des producteurs de la région ainsi que des aliments plus exotiques, s'inscrivent dans le droit fil du riche patrimoine gastronomique de la ville.

Le **marché Jean-Talon** est le plus gros et le plus diversifié des trois, et le plus difficile à trouver pour les non-initiés! Caché derrière les façades plutôt banales de magasins du quartier italien, il vaut toutefois le détour, car il est vraiment unique. Digne des plus grands marchés, il compte plus de 250 kiosques; 3 longues allées couvertes regroupent quantité de marchands de fruits, de légumes, de fleurs et de produits de boulangerie. Le quadrilatère est entouré d'épiceries fines, de charcuteries et de cafés-terrasses. Le marché reste ouvert en hiver; 25 kiosques sont aménagés dans l'aire centrale, qui est abritée.

Le **marché Atwater**, lui, est adossé au canal Lachine et relié à la piste cyclable par une passerelle; du point de vue architectural, c'est le plus frappant. Son long bâtiment de brique est flanqué sur trois côtés d'une promenade couverte et surmonté d'une tour élégante. Il a été construit en 1933 et abrite 30 commerces ainsi que les bureaux administratifs des marchés publics de Montréal. Curieusement, il s'y trouve un gymnase qui était jadis utilisé par les équipes de boxe; on y donne aujourd'hui des cours de gymnastique.

Le marché Atwater est couru par les yuppies prêts à payer ce qu'il en coûte pour obtenir les fruits et légumes les plus frais. En avant-midi, la fin de semaine, le stationnement et les allées sont remplis. La grande popularité du marché s'explique aisément: on y trouve un large éventail de magasins spécialisés, dont des magasins de pâtes et de vrac, une succursale de la SAQ fort bien garnie (et ouverte en dehors des heures normales), une douzaine de boucheries et charcuteries, trois fromageries ainsi que de nombreux kiosques extérieurs, installés de mars à octobre.

Le **marché Maisonneuve** est établi dans un magnifique quadrilatère au sud du Stade olympique. C'est le plus récent des trois: il a rouvert en 1995. D'une facture résolument moderne, il rappelle – en plus petit – le réputé marché Granville Island de Vancouver, par ses espaces dégagés et lumineux. Il est jouxté par l'ancien marché Maisonneuve, énorme édifice de granit construit en 1912. À une certaine époque, c'était LE marché en ville; il accueillait plus de 2 000 personnes par jour. L'immeuble sert maintenant de centre culturel au quartier Hochelaga-Maisonneuve.

Bien entendu, les produits vendus varient selon la saison. En mars, on y souligne l'arrivée du printemps en servant de la tire sur la neige. En avril, on aménage des zoos pour enfants aux marchés Jean-Talon et Maisonneuve; au marché Atwater, ce sont les poules et les œufs peints qui sont en vedette. En mai, les trois marchés regorgent de fleurs à vendre, tandis qu'en juillet, on fait place aux fraises du Québec. Le mois d'août marque l'arrivée de divers produits récoltés au Québec et octobre, celle des citrouilles et des courges. Enfin, en décembre, les marchés vendent des sapins de Noël.

Horaire

Les lun., mar., mer. et sam.: de 8 h à 18 h; les jeu. et ven.: de 8 h à 21 h; le dim.: de 8 h à 17 h. Fermés à Noël et au jour de l'An.

MARCHÉ JEAN-TALON

7075, ave Casgrain (au sud de la rue Jean-Talon)

(514) 277-1588

Trajet

Station Jean-Talon (ligne orange ou bleue), sortie sud. Rue Jean-Talon vers l'ouest, puis ave Henri-Julien vers le sud jusqu'à l'entrée.

MARCHÉ ATWATER

138, ave Atwater

(514) 937-7754

Trajet

Station Lionel-Groulx (ligne orange ou verte). Ave Atwater vers le sud jusqu'au marché.

MARCHÉ MAISONNEUVE

4445, rue Ontario

(514) 937-7754

Trajet

Station Pie-IX (ligne verte), sortie sud. Boul. Pie-IX vers le sud, puis rue Ontario vers l'est jusqu'au marché (angle Letourneux).

Escapade aquatique à
l'Aquadôme

Baigné de lumière par ses fenêtres pleine hauteur, l'Aquadôme, complexe de natation communautaire de LaSalle inauguré en 1996, est tout simplement superbe. Ses installations modernes, son personnel affable et son atmosphère dynamique commencent d'ailleurs à être connus. Et comme on maintient l'air ambiant à 28 °C et l'eau à 30 °C à la pataugeoire, l'endroit est aussi idéal pour les petits. Peu importe l'âge, que l'on vienne pour se détendre ou pour rompre la morosité de l'hiver, l'Aquadôme est un endroit où il fait bon faire des vagues.

La piscine principale fait 50 mètres, mais elle est rarement ouverte sur toute sa longueur. En général, un muret amovible sépare la partie profonde (de 2,44 à 3,66 mètres) de la partie peu profonde (1,52 mètre au point le plus creux). Dans la partie profonde, il y a deux tremplins de 1 mètre, utilisables la fin de semaine. Enfin, on aménage généralement des couloirs pour ceux qui veulent faire des longueurs.

C'est toutefois l'immense pataugeoire multifonctions qui attire le plus de gens. Cette espèce de vaste bassin a une profondeur maximale de 1 mètre. Destiné aux petits, il a le don de faire renaître l'enfant chez les « grands »... Pour les enfants, il est doté d'une « entrée » en pente douce qui rappelle celle des plages; elle fait 6 mètres de large, et la profondeur est indiquée sur des tuiles. Autre centre d'attraction: la grosse fontaine en forme de champignon au centre du bassin, d'où l'eau tombe en larges rideaux. Il y a aussi une baignoire à remous, aménagée dans un des coins du bassin. On peut s'y détendre tout en ayant les enfants à l'œil...

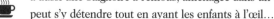

Ce n'est pas tout: il y a une petite glissoire bleue dans l'entrée, pour les tout-petits accompagnés de leurs parents. À côté de la glissoire, il y a des tubes-glissade qui aboutissent dans une partie plus profonde, destinés aux enfants de 1,22 mètre ou moins qui savent nager. Et pour ceux qui recherchent des sensations plus fortes, il y a la glissoire combinée de deux étages, formées de tubes et de demi-tubes formant un 8 et constamment arrosés pour qu'ils restent bien glissants. Pour les utiliser, il faut mesurer 1,22 mètre ou plus et savoir nager.

À proximité de la pataugeoire, il y a une terrasse intérieure pouvant accueillir une vingtaine de personnes. On peut s'y asseoir à une table ou s'étendre sur des chaises longues. Par beau temps, on ouvre la terrasse extérieure, dotée de tables et de parasols; celle-ci peut accueillir 200 personnes, et il est permis d'y apporter sa nourriture. Il y a aussi un casse-croûte entre la réception et la piscine.

Des cours de plongeon, de plongée sous-marine, de hockey sous-marin, de sauveteur, de moniteur de natation, de premiers soins ainsi que de multiples activités de conditionnement physique sont aussi offerts. Il y a des bains libres pour adultes, agrémentés de musique classique, le mardi soir; et de musique nouvel âge, le jeudi soir.

L'horaire de l'Aquadôme varie selon les saisons. Mentionnons simplement qu'il est surtout établi en fonction de trois groupes: les familles, les adultes et les aînés. L'horaire habituel est présenté ci-contre.

1411, rue Lapierre
(514) 367-6460

Horaire

Bain pour tous: de 9 h à 16 h, sauf le mar. (de 9 h à 13 h 25).
Famille – Du lun. au jeu.: de 17 h 30 à 19 h; le ven.: de 17 h 30 à 21 h.
Pataugeoire (famille) – Les lun., mer., jeu. et ven.: de 9 h à 15 h 55.
Grande glissoire – Les lun., mer. et jeu.: de 13 h 30 à 15 h 30; le ven.: de 13 h 30 à 15 h 30 et de 18 h à 20 h 55; les sam. et dim.: de 12 h à 19 h 55.
Tremplins – Les sam. et dim.: de 13 h à 16 h.
Bains pour adultes avec musique – Les mar. et jeu.: de 21 h à 22 h 25.
Remarque – Horaire étendu en été.
S'informer par téléphone.

Frais

Adultes: 3$; enfants de 4 à 16 ans: 2$; aînés: 2$. Prix réduit pour les résidants de LaSalle.

Trajet

Station Angrignon (ligne verte). Autobus 113 ou 113X jusqu'au collège André-Laurendeau, angle boul. LaVérendrye et rue Lapierre.

Les cafés-studios,
ou la peinture
sans éclaboussures

BEACONSFIELD • DORVAL • NDG • CENTRE-VILLE

C'est à New York qu'ont vu le jour les premiers ateliers où l'on pouvait faire soi-même de la peinture sur céramique. Mais c'est au Québec qu'on a eu l'idée d'intégrer ces ateliers à des cafés. Montréal compte maintenant quatre cafés-studios du genre: deux au cœur de la ville et deux dans l'ouest de l'île. Vous pouvez y peindre une assiette, une tasse, un vase ou autre chose… sans vous salir!

Le principe est simple: on choisit une pièce vierge, on y dessine un motif et on la peint. Quand c'est fini, les spécialistes de l'endroit s'occupent de la glaçure et de la cuisson (dans un four où la température atteint 982 °C!). Quelques jours après, on peut passer prendre son «œuvre». Il faut payer la pièce (les prix vont de 4 $ à 100 $) et le temps d'utilisation du studio est compté à partir du moment où on vous remet la peinture.

Voici quelques conseils pour ceux qui font leurs premières armes:

• Méfiez-vous: les couleurs changent beaucoup à la cuisson.

• Vous n'êtes pas Picasso? Choisissez une pièce au fini en relief, c'est beaucoup plus facile.

• Lavez-vous soigneusement les mains. Il suffit d'un peu d'huile pour empêcher la peinture d'adhérer.

• Appliquez une couche pour un effet translucide, trois pour un effet opaque.

Le café **Art Folie,** dans le quartier Notre-Dame-de-Grâce, a été le premier café-studio au Québec. La devanture est agrémentée de pièces colorées; à l'intérieur, il y a un comptoir jus et café ainsi que de confortables sofas. Des pièces non peintes tapissent les murs, dont un buste d'Elvis! L'atelier compte une demi-douzaine de tables. Selon la copropriétaire Tori Schofield, le café est l'endroit idéal pour une première sortie de couple, car on sait quoi faire de ses mains...

Il y a aussi un café **Art Folie** dans l'ouest de l'île, en face du centre commercial Fairview, boulevard Saint-Jean. De prime abord, on ne croirait pas que ce café lumineux et animé abrite un atelier. On y vend des desserts fabuleux et on peut y accueillir des groupes dans une salle distincte.

Le café **La Poterie**, à Beaconsfield, est un endroit chaleureux, annexé à une galerie d'art. Il compte quatre grandes tables. Les murs sont décorés de biscuits, de travaux en cours et de pièces terminées exposées en permanence. Le café s'adresse tout spécialement aux jeunes familles, comme en témoignent la peinture *Winnie the Pooh* et une table où l'on trouve blocs Lego et livres pour enfants.

Selon Lisa et Holly, les copropriétaires, le café est un endroit de prédilection pour les fêtes d'avant mariage (les «showers»), les gens qui cherchent un cadeau original et ceux qui aiment la nourriture santé. Comme les autres cafés-studios, La Poterie met pinceaux, éponges et pochoirs à la disposition de ses clients, tout comme des livres et des cartes postales auxquels puiser l'inspiration...

Le plus récent et le plus gros des cafés-studios est le chic **Ceramic Café**. On peut y passer des heures rien qu'à faire son choix parmi les milliers de potiches, gargouilles, preux chevaliers et autres articles plus courants offerts aux clients.

Des artistes professionnels y sont à l'œuvre à toute heure du jour. On y vend des dizaines de pièces comparables à celles vendues dans les galeries d'art, pièces dont on peut bien sûr s'inspirer. Le menu est varié et on y sert des desserts savoureux. Le café est donc un bon endroit où prendre une bouchée même quand on n'a pas envie de faire de la peinture. Enfin, les fumeurs seront heureux d'apprendre que c'est le seul café-studio qui leur réserve une section.

CAFÉ ART FOLIE
5511, ave Monkland (Girouard)
(514) 487-6066

CAFÉ ART FOLIE
3339C, boul. Des Sources (Centennial)
(514) 685-1980

LA POTERIE
450B, boul. Beaconsfield (Saint-Louis)
(514) 697-8187

CERAMIC CAFÉ
4201B, rue Saint-Denis (Rachel)
(514) 848-1119

Remarque – Horaire, frais et trajet en page 138.

Karting
intérieur

Si la formule 1 a obtenu la faveur des Montréalais, ces temps-ci, ils sont aussi en train de se laisser gagner par le karting. La raison? Ces petits bolides sont amusants et procurent des émotions fortes, sans toutefois compromettre la sécurité. Vous avez toujours rêvé de vous transformer en pilote le temps d'une course? Le karting vous plaira.

La plupart des pilotes professionnels, dont Jacques Villeneuve, ont commencé leur carrière sur des circuits de karting extérieurs, où les vitesses maximales dépassent parfois les 100 km/h. Les karts d'intérieur, à moitié moins lourds et moins rapides que les karts d'extérieur, sont tout aussi nerveux. Et quand il s'agit de négocier des virages très serrés, assis à quelques centimètres du sol et suivi de très près par un autre coureur, 60 km/h, c'est plutôt rapide...

Les trois pistes de karting intérieur de Montréal ont de quoi rassasier les amateurs de vitesse ou de défis de conduite. Avant de vous laisser prendre le volant, on vous indique poliment les règles à respecter: éviter les contacts avec les autres karts, respecter les drapeaux, garder les deux mains sur le volant et ne pas faire patiner les roues arrière. On vous dit aussi comment négocier le virage en épingle: freiner avant de s'y engager, accélérer à la sortie.

Les courses durent 10 minutes; chaque kart est muni d'un transpondeur qui mesure les temps de passage au centième de seconde près. Le chronomètre démarre après votre premier tour, afin de vous permettre de vous familiariser avec le circuit. À la fin de la course, on vous remet un imprimé qui vous indique vos temps de passage et votre position. Il est possible de faire des réservations de groupe à la plupart des pistes, dans le cas où vous aimeriez organiser des «Grands Prix»...

À **F1 Indoor Karting**, on se sent vraiment comme un pro: il faut revêtir des gants, un filet pour les cheveux, ainsi qu'une combinaison et un casque. Première piste de karting intérieur de Montréal, F1 Indoor Karting est selon plusieurs critères la plus exigeante au niveau technique. Il faut savoir utiliser habilement l'accélérateur et les freins pour négocier les nombreuses courbes, le long virage en S et le double virage en épingle de ce circuit bétonné de 350 mètres. La piste étant large, les dépassements sont possibles sur toute la longueur du circuit. Un commissaire et son adjoint veillent au respect des règles... et invitent les malheureux qui perdent la maîtrise de leur kart à se remettre aussitôt en piste!

La plus longue piste de karting intérieur de Montréal, aménagée dans un vaste entrepôt, se trouve au **Circuit 500**. La piste de 700 mètres est asphaltée, ce qui permet une adhérence maximale des pneus et les vitesses les plus élevées en ville (car vous pouvez rouler plus vite sans déraper). Et comme elle est étroite, réussir un dépassement ou négocier la chicane représentent tout un défi. Trois commissaires sont sur place pour vous signaler les tentatives de dépassement, les problèmes en piste et les infractions aux règles. La piste est décorée d'une multitude de drapeaux et banderoles, et est dotée d'une vaste terrasse d'observation surélevée.

Circuits in-Kart est un nouveau venu dont le style élégant s'inspire des aménagements européens. Des pneus empilés par trois et maintenus en place par des parois en caoutchouc jaune vif donnent un look particulier aux abords du circuit. La large piste de béton de 300 mètres était auparavant recouverte de linoléum. Une fois celui-ci enlevé, on a obtenu une surface noire, luisante, dont l'adhérence se situe à mi-chemin entre l'asphalte et le béton. Sa localisation avantageuse dans un centre commercial, son salon et sa salle de conférence décorés avec goût en font un endroit populaire pour les sorties de bureau.

F1 INDOOR KARTING
1755, boul. Fortin, Laval
(450) 629-2121

CIRCUIT 500
5592, rue Hochelaga
(514) 254-4244

CIRCUITS IN-KART
7852, ave Champlain, LaSalle
(514) 365-6665

Remarque – Horaire, frais et trajet en page 138.

Interlude instructif au
Musée des ondes Émile Berliner

L'invention du phonographe à cylindre par Edison, en 1877, a révolutionné le monde de la musique. Il devenait possible, pour la première fois, de faire des enregistrements qu'on pouvait ensuite écouter à sa guise. Depuis, les technologies se sont succédé à un rythme fou: disques 33 tours et 45 tours, CD, audiocassettes analogiques et numériques, etc. On peut maintenant diffuser de la musique par ondes radio, bandes vidéo, câble, Internet et liaison directe par satellite.

Le Musée des ondes Émile Berliner permet de se replonger dans l'époque, moins effrénée, où l'enregistrement et la diffusion de la musique ont vu le jour et où a été inventé la chose qui allait donner naissance à l'industrie de la musique: le disque.

En 1877, Émile Berliner, nouvel immigrant allemand de 25 ans, a mis au point un microphone à charbon qui a permis à Alexander Graham Bell de commercialiser le téléphone. M. Berliner en avait vendu les droits de propriété à M. Bell pour 50 000 $, somme qu'il utilisa pour poursuivre ses recherches. Dix ans plus tard, il faisait la manchette: il avait conçu un instrument d'enregistrement et de lecture plus efficace que celui d'Edison. Il s'agissait d'un disque sur lequel était gravé un sillon concentrique. Le principe était le même, mais le disque était nettement plus durable et bien moins coûteux à fabriquer que le cylindre.

Le disque, le phonographe et le coupe-disque inventés par M. Berliner ont connu un vif succès. Et s'il est difficile de voir clair dans les fusions, prises de contrôle et poursuites qui ont fait l'industrie du disque moderne, une chose est sûre: c'est Émile Berliner qui lui a donné le coup d'envoi en fondant la Gramophone Co. of England (aujourd'hui désignée EMI), la E. Berliner Gramophone Company de Montréal (elle a depuis été absorbée par RCA) ainsi qu'une demi-douzaine d'autres sociétés qui se consacraient à la fabrication de disques, de tourne-disques et de radios.

Le musée est aménagé dans l'immeuble qui abritait jadis l'atelier de Berliner. Il est rempli de phonographes, d'anciens récepteurs radio et de téléviseurs. Des bénévoles s'appliquent à réparer les appareils donnés au musée et parviennent à en remettre beaucoup en parfait état de marche. Si vous le demandez, ils peuvent en faire fonctionner un.

Un des mystères que le musée éclaircit est l'origine du fameux petit chien à l'écoute d'un phonographe qui constitue toujours le logo de RCA. C'est un fox-terrier qui s'appelait Nipper et qui a été immortalisé par le peintre britannique Francis Barraud en 1899. Barraud l'avait peint en train d'écouter le premier phonographe à cylindre d'Edison. Plus tard, Berliner acheta le tableau, mais à condition que Barraud peigne un phonographe Berliner par-dessus celui d'Edison! Il y a une reproduction du tableau au musée; l'original se trouve au siège social d'EMI, à Londres.

Les disques ont d'abord été faits de zinc, puis de caoutchouc vulcanisé cuit au four, et enfin d'un mélange de gomme-laque, de noir de fumée, de flocon de coton et de pyrite. Le procédé de fabrication, lui, ne changeait pas: au moyen d'un coupe-disque (on peut en voir un au musée), on découpait une copie maîtresse dans une feuille d'acétate, puis on l'argentait. Par électroplastie, on renforçait ensuite le disque de cuivre. Enfin, on détachait le disque de cuivre-argent de la feuille d'acétate: c'était la deuxième copie maîtresse.

Pour faire le disque en tant que tel, on chauffait la mixture et on la versait entre les deux copies maîtresses. Puis, on appliquait une pression de plusieurs tonnes. Le tour était joué: il ne restait plus qu'à polir le disque tout neuf!

Mais ne me demandez pas comment on fabrique les CD...

1050, rue Lacasse, bureau C-220
(514) 932-9663

Horaire

Du ven. au dim.: de 14 h à 17 h (sur rendez-vous, les autres jours, pour les groupes).

Frais

3 $

Trajet

Station Saint-Henri (ligne orange). Prendre Saint-Jacques et marcher quatre rues vers l'ouest (sens contraire de la circulation), puis deux vers le nord par la rue Lacasse, jusqu'à la rue Richelieu.

Des ateliers pour vos
petits mousses

Il est loin d'être évident de divertir les enfants quand il fait mauvais. Vos petits vous étourdissent? Les musées de Montréal viennent à votre rescousse en organisant pour eux des ateliers de fin de semaine.

À l'élégant et moderne **Centre canadien d'architecture**, des ateliers sont préparés dans le cadre des expositions susceptibles d'intéresser les enfants. Ils se tiennent le plus souvent pendant l'année scolaire, mais quelques-uns ont lieu l'été. Ils durent toute la fin de semaine et s'adressent aux enfants de 3 à 12 ans. En général, on invite d'abord les enfants à visiter l'exposition, puis à composer leur plus belle création sur un thème donné. Il faut toutefois réserver à l'avance.

Des ateliers gratuits pour enfants de tous âges se tiennent tous les dimanches au 4ᵉ étage du nouvel immeuble du **Musée des beaux-arts de Montréal**. Après une visite de l'exposition permanente, visite qui prend souvent la forme d'une chasse au trésor, les enfants sont invités à y aller de leur propre création. Ce dernier Noël, par exemple, les enfants ont fait une «chasse aux anges», puis ont eux-mêmes conçu des anges. Premier arrivé, premier servi: il est donc conseiller d'arriver tôt. Les ateliers durent environ 45 minutes.

Un peu plus à l'est, au très beau musée **Redpath** de l'université McGill, l'on peut admirer une superbe collection de momies, de fossiles de dinosaures, de roches, de pierres précieuses et d'animaux empaillés. Des ateliers-découverte (un pour les 4 à 7 ans, un autre pour les 8 à 12 ans) s'y tiennent presque tous les dimanches après-midi pendant l'année scolaire. La limite est de deux enfants par adulte et il faut s'inscrire à l'avance en laissant nom, numéro de téléphone et âge de l'enfant sur un répondeur, entre 9 h et 12 h, le jeudi.

Le **Musée d'art contemporain** présente l'avantage d'être directement accessible par les couloirs souterrains du métro. Ses ateliers du dimanche après-midi mettent l'accent sur des projets multidisciplinaires inspirés des œuvres exposées. Et malgré que certaines expositions soient parfois plus difficiles d'accès, les ateliers destinés aux enfants portent quant à eux sur des thèmes on ne peut plus populaires (il y en a eu sur Charlie Brown, Whitney Houston et Pocahontas, entre autres). Un nouvel atelier débute à toutes les heures et les enfants peuvent y passer autant de temps qu'ils le veulent.

Enfin, à Saint-Lambert, le musée **Marsil** du costume, du textile et de la fibre se fait toujours accueillant pour les enfants. Les ateliers du dimanche après-midi, dont le thème est assorti à celui de l'exposition, s'adressent aux enfants de tous âges et sont inclus dans le prix d'entrée. Pendant les ateliers, les parents peuvent rester avec leurs enfants ou visiter le musée. Les enfants peuvent passer autant de temps qu'ils le souhaitent et il n'est pas nécessaire de réserver sa place. (Pour en savoir davantage sur le musée Marsil, voir la page 136.)

CENTRE CANADIEN D'ARCHITECTURE
1920, rue Baile
(514) 939-7026
Sur réservation.

MUSÉE DES BEAUX-ARTS DE MONTRÉAL
1379, rue Sherbrooke Ouest
(514) 285-1600, poste 135 ou 136
Premier arrivé, premier servi.

MUSÉE REDPATH
845, rue Sherbrooke Ouest
(514) 398-4086, poste 4092
Réservations téléphoniques (de 9 h à 12 h, le jeu.).

MUSÉE D'ART CONTEMPORAIN
185, rue Sainte-Catherine Ouest
(514) 847-6253

LE MUSÉE MARSIL DU COSTUME, DU TEXTILE ET DE LA FIBRE
379, rue Riverside, Saint-Lambert
(514) 923-6601

Remarque – Horaire, frais et trajet à la page 139.

Jouer au
touriste grâce à
Héritage Montréal

Repérer les touristes? Facile: ils s'arrêtent pour examiner attentivement les choses et ont souvent le regard perdu dans les hauteurs... Et que voient-ils au juste que nous n'ayons pas déjà remarqué? Vous pouvez le découvrir grâce aux visites guidées qu'organise Héritage Montréal, organisme de protection du patrimoine architectural de la ville. Que vous preniez part aux visites destinées aux touristes ou aux Montréalais, celles-ci vous permettront de voir votre ville sous un jour nouveau. Depuis neuf ans, Héritage Montréal offre des visites à pied, commentées en français ou en anglais, des lieux et des quartiers historiques de Montréal, notamment du canal Lachine, du Mile End, de Saint-Henri, Westmount et Notre-Dame-de-Grâce, de même que du centre-ville et du quartier Côte-des-Neiges. Des visites hebdomadaires du Mille carré doré et du square Dorchester sont aussi offertes.

Par un beau jour d'été, je me suis joint à un groupe qui visitait mon secteur préféré, soit le boulevard Saint-Laurent, dit la *Main*. Le groupe s'est réuni à l'intersection Notre-Dame et Saint-Laurent, puis s'est dirigé tranquillement vers la rue Bagg, juste au nord de l'avenue des Pins. Le guide nous a expliqué à quoi tenait l'architecture hétérogène de l'endroit.

À la fin du XIXᵉ siècle, Montréal comptait 250 000 habitants; c'était la ville la plus peuplée et la plus prospère du pays. On considérait à l'époque la rue Sherbrooke, large et moderne, comme l'équivalent de la 5th Avenue à New York. Mais ce n'était pas assez pour le maire, qui rêvait de recréer une avenue des Champs-Élysées avec boutiques, maisons, usines, commerces et lieux culturels. Le boulevard Saint-Laurent fut l'heureux élu et on l'élargit de 6 mètres vers l'ouest entre les rues Bagg et Notre-Dame.

On utilisa la diorite provenant d'une carrière située à l'intersection Rachel et Saint-Denis comme matériau de base et on s'inspira des nouvelles techniques architecturales mises en œuvre à Chicago, après l'incendie de 1871. On y avait eu recours à des structures métalliques qui permettaient de cons-truire des immeubles élégants et fonctionnels, plus élevés et pourvu de plus de fenêtres. En effet, dans ces immeubles, les murs extérieurs ne servaient plus au soutènement, ce qui permettait de ne plus recourir aux constructions étagées.

Il y a de très beaux exemples du style Chicago dans le quartier chinois, tout spécialement au 974 et au 1014, boulevard Saint-Laurent. Moins élevés qu'à Chicago, ces immeubles étaient toutefois décorés avec soin: les fenêtres des étages médians, qui s'étendent sur deux étages, sont ornées d'un motif à damiers.

Soulignons aussi le Monument-National, au 1182. Théâtre longtemps inutilisé, il est maintenant occupé par l'École nationale de théâtre. Quant au gros bâtiment de brique qui occupe un pâté complet, au nord de la rue Ontario, c'est une ancienne fabrique de tabac. Elle appartient aujourd'hui à Culture et com-munications Québec, qui y loue des bureaux. Au nord-est de l'intersection Ontario et Saint-Laurent, au 2001, on trouve l'immeuble de la Banque Molson, la première banque canadienne; aujourd'hui, c'est le Centre d'amitié autochtone qui y loge. Un peu plus loin, le musée Juste pour rire, le Cabaret Music-Hall et LAM Importers occupent une ancienne brasserie.

D'allure parisienne, les immeubles aux balcons arrondis, au sud-ouest de l'inter-section Saint-Laurent et Sherbrooke, sont aussi de petites merveilles. Ils ont été cons-truits en 1910 au moyen d'un matériau alors tout nouveau, le béton armé. Les architectes en étaient tellement fiers qu'ils ont décidé de laisser le béton exposé.

2180, rue Crescent
(514) 286-2662

Horaire

Visites architecturales: les sam. et dim.: à 14 h, de juin à sept.; Mille carré doré et square Dorchester: le sam.: à 10 h, de juin à sept. Les visites ont lieu beau temps, mauvais temps, et durent environ 2 h.

Frais

Non-membres: 8 $; membres: 6 $.

Trajet

Mille caré doré: station McGill (ligne verte), sortie McGill College; rencontre au sud-est de l'intersection Sherbrooke et McGill College. Square Dorchester: station Peel (ligne verte), sortie rue Peel; rencontre au sud-est de l'intersection de La Gauchetière et Peel. Visites de quar-tier: téléphoner pour connaître les lieux de rencontre.

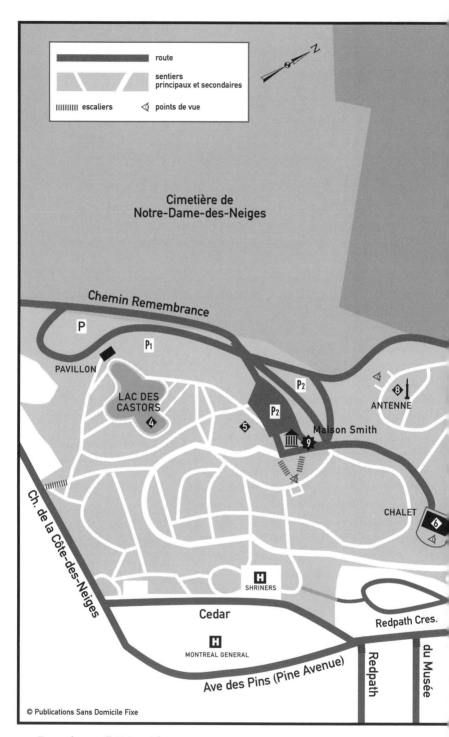

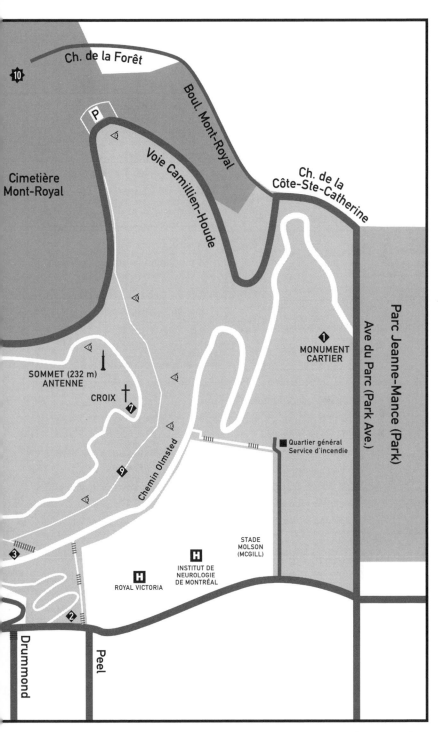

Parc du
Mont-Royal 101

La montagne et sa croix sont le symbole par excellence de la ville. Depuis l'ouverture du Parc du Mont-Royal en 1872, Montréalais et visiteurs sont irrésistiblement attirés par ses sentiers, ses boisés et ses pentes. Ce vaste sommet est un havre de paix où on «laisse la ville loin derrière». C'est exactement ce que souhaitait l'architecte paysagiste Frederick Law Olmsted. L'accès qu'il planifia au Mémorial de la Guerre du parc Jeanne-Mance (n° 1 sur carte, voir pages précédentes) est toujours aussi populaire. À partir de là, un sentier pédestre serpente à la base de l'escarpement et mène, par-delà le lac des Castors, au chalet et au belvédère situés au sommet.

Au centre-ville, en haut de la rue Peel, un autre sentier (n° 2) rejoint rapidement le chemin Olmsted, par l'escalier en bois bien entretenu, juste à l'est de l'intersection (n° 3). Les automobilistes jouissent quant à eux de stationnements au lac des Castors et à la maison Smith (carte P1 et P2).

Le lac des Castors (n° 4) fut ajouté en 1937. Si le mont Royal n'est pas une vraie montagne, le nom du lac, lui, est fidèle à ses origines. On trouva bel et bien sur le site d'anciens abris de castors, profondément ensevelis dans la boue.

Le jardin de sculptures (n° 5), aménagé dans un vallon, est le fruit d'un symposium international qui s'y est tenu en 1964. Si elles ne sont pas au goût de tous, les pièces sont néanmoins des œuvres significatives d'artistes de neuf pays. Faites une visite autoguidée du jardin grâce au dépliant disponible à la maison Smith (voir l'article en page 30).

On construisit le chalet du belvédère (n° 6) en 1903 avec des pierres taillées à même la montagne. On peut voir, incrustées dans celles-ci, des vers et du corail fossilisés, vieux de 500 millions d'années. On trouvera au chalet un très bon casse-croûte et une boutique fort pratique. Le belvédère offre une vue imprenable sur le centre-ville, à cause d'un arrêté municipal qui interdit la construction d'édifices qui dépassent le sommet de la montagne, celui qui visait à préserver des axes de vue sur le fleuve fut, quant à lui, largement ignoré.

À partir du chalet, un sentier boucle le sommet en passant près de la fameuse croix. La croix originale, dont l'emplacement demeure inconnu, fut plantée en 1643 par le sieur de Maisonneuve, le fondateur de la ville. La structure moderne (n° 7) date de 1924.

L'énorme tour de transmission rouge et blanche (n° 8), retransmet les ondes de neuf stations de radio et de quatre stations de télévision.

Ce sentier compte deux excellents points de vue sur l'oratoire Saint-Joseph et sur la tour de l'Université de Montréal, au-delà de cette balafre qu'est le chemin Camillien-Houde. Houde, maire de Montréal et l'un des plus grands défenseurs du parc, aurait dit que tant qu'il vivrait, aucune route ne traverserait la montagne. Il tint parole mais… ironie du sort, ce chemin portant son nom fut construit juste après sa mort. Ce pauvre Houde doit bien se retourner dans sa tombe.

Vous remarquerez que les arbres de la montagne semblent plutôt jeunes. C'est effectivement le cas, car au début des années cinquante, le maire Drapeau en fit abattre un grand nombre, croyant ainsi mettre un frein à certaines pratiques jugées licencieuses…

Moins fréquenté, l'Escarpement, un sentier créé en 1994 (n° 9), offre pourtant des vues exceptionnelles de l'est du centre-ville et du Plateau Mont-Royal. Dirigez-vous vers la gauche du chalet du belvédère (quand vous faites face à la ville). Le sentier débute au sommet de l'escalier en bois.

Renseignements généraux (mar. au ven.): (514) 872-6559. Chalet du belvédère: (514) 872-2033. Chalet du lac des Castors: (514) 872-2969. Calèches André Boisvert: (450) 653-0751.

Horaire
Parc: fermé de minuit au lever du soleil. Chalet du lac des Castors: de 8 h 30 à 21 h 30. Chalet du belvédère: de 8 h 30 à 20 h. Casse-croûte: heures d'ouverture variables (généralement de 10 h à 16 h).

Frais
Parc: gratuit. Stationnement: 1,25 $/h, max. de 3,75 $ par jour (pièces de 1 $, 2 $ et 25 ¢). Cheval et calèche (réservation 24 heures à l'avance nécessaire): 30 $ pour 30 min; 50 $ pour une heure.

Trajet
Entrée Jeanne-Mance: station Place-des-Arts (ligne verte) et autobus 80 vers le nord jusqu'à Rachel (au milieu du parc Jeanne-Mance). Lac des Castors et maison Smith: station de métro Mont-Royal (ligne orange) et autobus 11, direction ouest. Ou station Guy-Concordia (ligne verte) et autobus 165 jusqu'au chemin Remembrance, puis autobus 11, direction est. Entrée Peel: station Sherbrooke (ligne orange) et autobus 144 vers l'ouest par ave des Pins. Ou station Peel (ligne verte) et à pied vers le nord par la rue Peel.

La maison **Smith** et les **secrets** du mont Royal

Au milieu du XIXe siècle, Montréal n'était pas une ville heureuse. Une crise économique, causée par des changements apportés aux lois du commerce international, y sévissait; un immense incendie avait rasé quelque 1 100 demeures en une seule journée et la ville était en proie à des épidémies de choléra et de typhoïde.

À l'époque, les gens croyaient ces maladies répandues par les miasmes, ces vapeurs empoisonnées provenant des marécages, et les villes étaient généralement considérées comme des endroits insalubres. Le soleil et l'air de la montagne comptaient parmi les rares cures prescrites en ces jours qui ont précédé la découverte des antibiotiques. En 1858, le marchand et fermier Hosea B. Smith se porta acquéreur de deux grandes parcelles de terrain sur le mont Royal. Loin de la ville malsaine — sans même une vue sur elle — il construisit une solide maison de ferme en pierre et y emménagea avec sa famille.

Toujours debout, la maison loge aujourd'hui un musée fort intéressant, le Centre de la Montagne, qui se démarque de la tendance interactive, laquelle propose souvent des installations peu informatives. Pendant que les enfants s'émerveilleront devant les verres grossissants et les insectes, les adultes auront beaucoup à lire, spécialement ceux qui souhaitent connaître l'histoire sociale, environnementale et même économique de la montagne.

Si elle ne fut pas le site de la bourgade amérindienne d'Hochelaga, la montagne n'en a pourtant pas moins été marquée par une forte présence autochtone. Plusieurs cimetières ainsi qu'une carrière de pierre où l'on fabriquait des pointes de flèche et des outils tranchants y ont été découverts. Le musée nous les fait voir, et l'on peut aussi y admirer des poteries iroquoiennes parmi les plus belles jamais trouvées.

Durant la colonisation européenne, la montagne devint la propriété privée des Allan, Redpath et autres familles parmi les plus fortunées du pays. L'idée de transformer la montagne en parc municipal était dans l'air depuis les années 1850, mais quand la famille Lamothe entreprit de défricher sa terre — on peut voir une photo du gâchis qui en résulta — l'administration municipale rua dans les brancards. Neuf lots furent expropriés et l'inauguration du parc eut lieu en 1872. La facture? Un peu moins d'un million de dollars — une aubaine! — même en dollars d'aujourd'hui (80 millions).

On confia l'aménagement du parc à Frederick Law Olmsted, le célèbre architecte paysagiste américain qui créa, entre autres, Central Park à New York et le parc de Capitol Hill à Washington. Pour lui, la montagne n'en était pas une, mais il en comprit l'immense potentiel en tant que parc.

Le musée nous en apprend de bien bonnes. Saviez-vous qu'à l'abri des promontoires et des collines, des réservoirs contiennent toute l'eau potable de la ville? Sous le sommet principal s'en trouve un dont le contenu équivaut à celui de sept piscines olympiques. Si vous connaissez la couleur des bornes d'incendie de votre quartier, vous saurez quel est «votre» réservoir. Le musée révèle aussi l'origine du nom de la ville. Jacques Cartier gravit la montagne en 1535 et la baptisa mont Royal en l'honneur du roi François Ier. Mais son cartographe, Giovanni Battista Ramusio, étant Italien, les premières cartes du site mentionnaient le nom *Monte Real* qui devint, avec le temps, Montréal.

En mai, le Centre de la Montagne organise des randonnées ornithologiques et le nettoyage annuel de la montagne. Chaque dimanche d'octobre, une randonnée d'une journée entière mène à chacun des trois sommets: Westmount, le mont Murray et le mont Royal, ainsi qu'aux cimetières. La maison Smith abrite aussi le groupe de pression Les Amis de la Montagne.

1260, chemin Remembrance
(514) 843-8240

Horaire

Tous les jours: de 10 h à 17 h. Fermé à Noël et au jour de l'An.

Frais

Accès au musée: gratuit. Stationnement: 1,25 $ l'heure, max. de 3,75 $ par jour (pièces de 1 $, 2 $ et 25¢).

Trajet

Station Mont-Royal (ligne orange) et autobus 11, direction ouest. Ou station Guy-Concordia (ligne verte) et autobus 165 jusqu'au chemin Remembrance, puis autobus 11, direction est.

Un **trésor** caché:
le cimetière
Mont-Royal

Q uiconque a déjà visité le Parc du Mont-Royal sait qu'un immense cimetière occupe une partie importante de la montage. Ce que tous ne savent pas, cependant, c'est qu'il s'agit en fait de deux cimetières: le cimetière Notre-Dame-des-Neiges, catholique, et le cimetière Mont-Royal, réservé aux autres confessions. Or, ce dernier est peut-être le plus beau secteur du parc, si ce n'est de toute l'île de Montréal. Sur ses 67 hectares onduleux et protégés du tumulte de la ville cohabitent arbustes à fleurs, arbres fruitiers rares et oiseaux chanteurs.

C'est l'Américain J. C. Sydney qui eut l'idée, en 1852, d'aménager un «cimetière-jardin» (il n'y en a que trois du genre en Amérique du Nord) à cet endroit. Les routes et sentiers, conçus pour ne révéler qu'un secteur à la fois, le font paraître vaste tout en lui conférant tranquillité et intimité. L'odeur du thym sauvage s'y mêle à celle des lilas, des pommetiers et des pivoines ou des roses, selon la saison.

On peut se procurer au bureau d'accueil trois excellentes brochures qui contiennent le plan du parc et de belles descriptions des espèces d'oiseaux, des végétaux et des plus beaux monuments. On peut également faire des réservations pour des visites guidées.

 Outre ses nombreuses espèces d'arbustes fruitiers ou à fleurs, le cimetière compte plus de 10 000 arbres de quelque 500 essences différentes, entretenus avec grand soin par les régisseurs, qui ont généralement une solide formation en horticulture.

À remarquer, à la gauche du bureau d'accueil: le plus vieux gingko de Montréal; il fait 20 mètres et se reconnaît à ses feuilles en éventail. Autre arbre des plus intéressants: un métaséquoia, situé près de la colline aux lilas. Il y a été planté en l'honneur du botaniste Ernest Henry Wilson. C'est un conifère... qui perd ses aiguilles en hiver! De plus, sa croissance a été ralentie par nos froids hivers; alors qu'il devrait mesurer des dizaines de mètres, il a la taille d'un arbuste. Ernest Wilson parcourait le monde à la recherche de nouvelles espèces végétales pour le compte de l'université Harvard; il a péri dans un accident de voiture alors qu'il était de passage à Montréal.

Quant aux monuments d'intérêt, il y en a partout. Les plus vieilles pierres tombales se trouvent dans le secteur A2. Parmi celles-ci, la petite croix en métal qui indique l'emplacement de la tombe du chef Joseph Onaskenrat (1845-1881), premier Amérindien enterré au cimetière. Il habitait Kanesatake et a converti sa tribu au méthodisme, après une dispute territoriale avec l'église catholique. Son certificat de décès indique qu'il est mort de «congestion d'organes internes»; d'aucuns pensent qu'il aurait été empoisonné.

Au cimetière des pompiers (secteur G1), on trouve une statue de pompier, qui repose sur un socle énorme. Des petites croix indiquent les tombes des pompiers morts en devoir. Le secteur le plus émouvant est probablement le G3, le cimetière des enfants.

Six victimes du naufrage du *Titanic* sont enterrées au cimetière Mont-Royal, tout comme un membre de la famille Molson (secteur F1) et quatre membres de la famille Hays. Si vous cherchez un monument en particulier, le personnel du bureau d'accueil se fera un plaisir de vous l'indiquer sur une carte.

1297, chemin de la Forêt
(514) 279-7358
Visites guidées offertes sur réservation. Cartes disponibles à la cabine d'entrée, quand le bureau d'accueil est fermé.

Horaire

Bureau d'accueil: du lun. au ven.: de 8 h à 17 h; le sam.: de 9 h à 15 h; le dimanche, on n'y prend que les appels. Entrée principale (chemin de la Forêt): tous les jours, jusqu'au crépuscule. Entrée sud (chemin Remembrance): interdite aux voitures à compter de 16 h les sam. et dim.

Frais

Gratuit.

Trajet

Bureau d'accueil et entrée principale: station Édouard-Montpetit (ligne verte). Marcher vers l'est sur le mont Royal jusqu'au chemin de la Forêt. Entrée du chemin Remembrance: station Mont-Royal (ligne orange). Autobus 11 vers le sommet; l'entrée est à l'endroit où la route recommence à descendre.

Les vapeurs reposantes des bains Colonial

Entre 1880 et 1920, beaucoup d'immigrants d'Europe de l'Est sont arrivés à Montréal, où ils ont implanté la vieille tradition du *shvitz*, c'est-à-dire du bain de vapeur. Les bains Colonial ont été construits par Aaron Adler en 1914; il n'en coûtait alors que 25 ¢ pour prendre un bain de vapeur humide ou de vapeur sèche. Les bains Colonial – qui appartiennent toujours à la famille Adler – sont encore fort abordables aujourd'hui. Et contrairement à ce qui se passe dans d'autres saunas, qui semblent réservés aux gays, hétérosexuels et homosexuels fréquentent les bains Colonial à parts à peu près égales.

À l'entrée, on vous remet un pain de savon, deux serviettes, un drap de bain et une clé. Dans le vestiaire, il y a deux rangées de divans sur lesquels on peut s'étendre en tout confort. L'endroit compte aussi une salle de télévision où on peut prendre une collation (on peut y apporter sa nourriture). Enfin, d'anciens appareils d'exercice sont exposés dans une autre pièce.

On accède au secteur des douches et saunas par une porte vitrée qui débouche sur un escalier étroit. Ici, tout est chaleur, vapeur humide et… carrelage. Tout, hormis les plafonds, est en carrelage blanc immaculé.

L'aménagement et le fonctionnement du sauna, tout comme la chaleur étouffante qui y règne, sont les mêmes depuis 80 ans. Les bancs sur trois niveaux peuvent accueillir une douzaine de personnes.

Pour réchauffer le sauna, il suffit d'ouvrir la porte massive de l'énorme four encastré dans le mur et de jeter de l'eau sur les grosses pierres, en prenant ensuite soin de s'écarter: la température du four atteint les 180 à 200 °C et l'eau ainsi lancée ressort aussitôt sous forme de jet de vapeur.

Le bain turc, lui, est unique en son genre à Montréal. Dans la plupart des pièces, un système automatique, que l'on actionne au moyen d'un gros robinet, produit des nuages de vapeur à intervalles réguliers. Si on a pensé à apporter une huile essentielle, il suffit d'en jeter quelques gouttes sur le mur situé derrière le banc pour que le parfum embaume toute la pièce. Se verser un seau d'eau froide sur la tête a aussi de quoi procurer une sensation spéciale...

Le bain à remous n'est peut-être pas spectaculaire, mais on y passe un très bon moment. Au mur, un gros bouton permet d'activer les jets d'eau. Le bain est doté d'élégantes cloisons immergées qui servent d'appuis. Enfin, on peut aussi se détendre dans le sauna finlandais, d'une capacité d'environ six personnes.

Pour la totale en matière de détente, demandez à Garry, le maître masseur, de vous faire son fameux massage «à la sibérienne». Après vous avoir placé des serviettes froides sur la tête et les pieds, il trempe son balai (fait d'une branche et de feuilles séchées) dans du savon en mousse et vous frictionne vigoureusement. La riche fragrance des feuilles vous transporte à des années-lumière de vos soucis. Ensuite, il rajeunit votre peau de quelques décennies au gant de crin, une expérience qu'on pourrait qualifier de douce torture...

Si jamais il reste malgré tout un soupçon de tension en vous, vous pouvez ensuite demander un massage huile et alcool. Par une technique qui emprunte à l'acupuncture, Garry vous fera oublier vos tracas au son d'opéras russes... Et, fort de sa formation médicale en Russie, il remettra dans le droit chemin tout os qui fait mine de vouloir s'en écarter...

3963, rue Coloniale
(514) 285-0132

Horaire

Tous les jours, à compter de 13 h;
le mar.: journée des femmes.

Frais

Adulte: 13 $ entrée et pièce individuelle: 15 $; massage au savon, bain ou douche de vapeur: 8 $ pour 10 à 15 min; bain et douche de vapeur: 14 $; massage à l'huile chaude: 12 $ pour 20 min.

Trajet

Station Sherbrooke (ligne orange) (sortie Saint-Denis); se diriger vers le nord, rue Saint-Denis, vers l'ouest, ave Des Pins; puis vers le nord, rue Coloniale.

Dîner romantique
à bord de l'*Île-de-France*...
au magasin Eaton!

C'est dans les années vingt, entre la Première Guerre mondiale et la Crise de 1929, que les grands transatlantiques ont connu leur heure de gloire. Des bâtiments tels que le *Leviathan*, l'*Olympic* et l'*Aquitania* sillonnaient l'océan, transportant des clients fortunés vers des destinations exotiques. Une croisière de 30 jours au Moyen-Orient coûtait alors 400 $; et un verre de whisky, 15 ¢... Cette époque est révolue, mais une partie de sa magnificence a été conservée à Montréal. Pas dans un musée ni au port, mais bien au centre-ville, chez Eaton!

L'*Île-de-France* a été parmi les derniers de ces grands paquebots, sa mise en service datait de 1927, alors que les grands bâtiments du genre commençaient déjà à se faire rares. Il a été l'un des plus opulents jamais construits. Moins gros que le *Titanic* (qui a fait son unique et funeste parcours en 1912), il était par contre deux fois plus luxueux. Chacune des quelque 400 cabines de première classe était décorée différemment, on avait fait appel à l'art déco, style qui était loin de faire l'unanimité à l'époque. Le navire comptait aussi le plus long bar au monde: il faisait 10 mètres.

Pendant les 12 années où il a navigué, l'*Île-de-France* a transporté environ 250 000 passagers entre l'Europe et l'Amérique, dont des célébrités: Maurice Chevalier, J. D. Rockfeller, Tallulah Bankhead et Sam Goldwyn. Bref, tout le gratin se faisait un point d'honneur de monter au moins une fois à bord de l'*Île-de-France*.

Au nombre des passagers, il y a eu lady Eaton, belle-fille de Timothy Eaton, fondateur des magasins du même nom. Elle a été à ce point séduite par la salle à manger art déco du navire qu'elle a demandé à l'architecte français Jacques Carlu s'il était capable de la reproduire au 9e étage du magasin Eaton du centre-ville de Montréal, porte-étendard canadien de la chaîne. Le restaurant a ouvert ses portes le lundi 26 janvier 1931.

En entrant dans le restaurant, on est transporté dans une autre époque. La vaste salle à manger, doté de tables bistro, est d'une somptueuse élégance et peut accueillir 500 convives. Sa parfaite symétrie met en relief les lignes pures, les éléments d'inox et les couleurs pastel si caractéristiques de l'art déco.

Droit devant se trouve le buffet d'origine, en inox: il a coûté 30 000 $ à l'époque. Dix mètres plus haut, il y a la nef, ornée de bas-reliefs qui baignent dans une douce lumière. Au-dessus de la nef, de longues fenêtres en verre givré laissent entrer la lumière du jour. L'ouvrage est soutenu par une douzaine de colonnes de marbre gris et rose.

Aux deux extrémités du restaurant, on trouve des peintures murales. Illustrant des nymphes et des biches, elles ont été réalisées par Natacha Carlu, la femme de l'architecte. Elles s'inspirent de toute évidence des œuvres qu'il y avait à bord du paquebot. Devant elles, des fontaines s'écoulent dans un bassin auquel mènent des marches encadrées par de gros vases en albâtre qui, eux, reposent sur des socles de marbre noir.

Dans les années soixante-dix, on a eu la douteuse idée de remplacer les élégantes nappes blanches par d'autres, à carreaux rouges… On s'est – heureusement – ravisé depuis. La vaisselle et l'argenterie, elles, n'ont pas changé: c'est du Royal Doulton. Le menu à la carte est varié et abordable, mais la plupart des clients choisissent le buffet, qui propose de succulents plats froids ou chauds, dont des fruits de mer, des pâtes, des salades et la célèbre côte de bœuf au jus. Enfin, il y a une table d'hôte et la carte des vins est bien garnie (on en sert six au verre); quant au service, il est excellent.

Vous et votre douce moitié cherchez un endroit où prendre un déjeuner dans une ambiance romantique? Faites escale au 9e étage d'Eaton: vous ne le regretterez pas…

677, rue Sainte-Catherine Ouest
(514) 284-8421
Réservations recommandées pour les groupes de six personnes ou plus.

Horaire
Du lun. au sam.: 11 h 30 à 15 h (et de 16 h 30 à 20 h, le jeu.); le dim.: de 10 h 30 à 15 h.

Frais
Buffet: 12,50 $ (6,25 $ pour les enfants); table d'hôte: 8,75 $. Il y a aussi un menu à la carte. Vin et taxes en sus.

Trajet
Station McGill (ligne verte). Entrer dans le magasin Eaton et se rendre au 9e étage.

La **vraie couleur**
de l'argent à la
Bourse de Montréal

Si la haute finance se résume pour vous aux visages mornes d'individus en complet-cravate, vous vous devez de visiter la première des bourses du pays. Sur le parquet, le brouhaha en apparence désordonné est tout sauf ennuyeux — l'épaisse baie vitrée de la galerie des visiteurs ne parvient pas à étouffer la clameur des négociants. Le centre des visiteurs et les visites guidées qu'il propose vous aideront à en saisir le sens.

En une heure, vous apprendrez ce qu'est une obligation, ce qui cause la hausse ou la chute du cours des actions, les différents types de titres transigés sur les marchés mondiaux, etc. Vous saurez décoder les listes de cotes publiées dans votre journal, et bien d'autres choses encore.

Une demi-douzaine de stations, parfois interactives, livrent les informations de base sur le marché boursier, de ses premières manifestations — le droit d'acheter des olives dans la Grèce antique — à ses plus récents développements. L'une des plus intéressantes vous permet de choisir des actions fictives de trois entreprises manufacturières. Puis on vous présente un bulletin de nouvelles internationales, suivi de manchettes économiques locales. C'est à vous d'évaluer l'influence de cette conjoncture sur vos actions. Leur cours va-t-il grimper, chuter ou demeurer stable? Le simulateur prend ensuite la relève et vous pouvez suivre leurs fluctuations. Enfin, on vous explique les résultats.

L'une des extrémités du centre des visiteurs donne sur le parquet de la bourse, vaste salle jonchée de papier, pleine de monde, d'ordinateurs et d'afficheurs à diodes. La zone des transactions boursières est à votre gauche (la porte au fond à gauche mène à la zone des options d'achat). La zone des obligations à terme se trouve à votre droite.

Le secteur le plus chaud est celui où les négociants misent sur l'achat d'obligations gouvernementales à des taux d'intérêt spécifiques, qui viennent à échéance à des dates spécifiques, ce sont les fameuses obligations à terme. C'est un parquet traditionnel «à la criée», où les enchères se font comme à l'encan. Quoique ce type de parquet tende à disparaître rapidement — Paris et Sydney viennent de fermer les leurs — la Bourse de Montréal soutient qu'il permet des transactions plus rapides et donc plus efficaces.

En tout cas, on y saisit l'essence même du fonctionnement d'un marché boursier. Assis sur le pourtour, les membres de la Bourse reçoivent des commandes téléphoniques de leurs courtiers. Ils font signe à leurs hommes sur le parquet qui, en combinant cris et gesticulations, négocient avec leurs contreparties des autres firmes de courtage. Une fois conclue, l'affaire est consignée sur une carte. Des coursiers (habituellement des apprentis du parquet) cueillent les cartes et en transcrivent les données sur des terminaux aux écrans ambrés, installés en retrait. Six opérateurs de la Bourse surveillent simultanément l'action depuis une plate-forme surélevée au centre et enregistrent sur leurs propres ordinateurs les transactions qui seront ensuite retransmises sur le grand afficheur. Tout ceci se passe en quelques secondes seulement. Outre les firmes de courtage, cent membres individuels négocient des obligations à terme. Un négociant individuel doit acheter son siège à la Bourse (6 000 $), suivre une formation spéciale (2 000 $), maintenir un solde minimum (25 000 $) et surtout, avoir des nerfs d'acier (pas de prix).

Si vous désirez améliorer vos connaissances ou vos compétences boursières, vous ferez un bon investissement en vous inscrivant aux cours d'initiation (2 niveaux) ou aux plus avancés, que la Bourse offre à des prix très raisonnables.

800, square Victoria
(514) 871-3582
Réservations nécessaires pour les groupes de 15 personnes et plus.

Horaire
Centre des visiteurs: du lun. au ven.: de 8 h 30 à 16 h 30. Visites guidées: de mai à sept.: à 10 h (en français) et 13 h (en anglais).

Frais
Gratuit

Trajet
Station Square-Victoria (ligne orange), escaliers, escalier mobile ou ascenseur jusqu'au hall, puis ascenseur jusqu'au 4e étage.

Patiner à Montréal:
deux surfaces de choix

L a patinoire de l'**Amphithéâtre Bell** a beau être un tiers plus petite qu'une patinoire de hockey professionnel, c'est la plus belle surface de glace intérieure à Montréal. L'atmosphère est enjouée dans ce lieu inondé de lumière naturelle et la température si agréable (20 °C sur la patinoire; 23 °C dans l'aire de restauration en surplomb), que la plupart des patineurs ne portent ni gants ni couvre-tête. Des casiers sont disponibles.

L'autre bonheur, c'est la qualité de la glace. À toutes les heures ou deux, une machine Zamboni spéciale fonctionnant à l'électricité reconditionne la surface. On se paie même le luxe d'utiliser de l'eau déminéralisée afin d'obtenir une glace plus dense, qui risque moins de s'effriter.

Vous vous êtes déjà demandé ce qui se passe sous une Zamboni? À l'avant, une lame gratte la surface et un jet d'eau nettoie les scories. Le tout est rapidement aspiré; alors qu'une fine couche d'eau chaude est vaporisée depuis l'arrière. Elle remplit la moindre fissure ou marque de patin et fait fondre une mince couche de la glace existante qui, en gelant de nouveau, forme une surface impeccable.

Le samedi matin de 9 h à 11 h, la glace est réservée aux adultes accompagnés d'enfants de moins de 12 ans, alors que le vendredi soir, on patine au son des musiques choisies par un DJ (demandes spéciales acceptées). On peut aussi célébrer un anniversaire sur la glace: casques, casiers et gâteau sont offerts pour 5$ par enfant.

Le **bassin Bonsecours** du Vieux-Port plaira aux amateurs de patinage en plein air, qui souhaitent une saison hâtive et désirent la prolonger au maximum. Situé sur un îlot dans le bassin bordé par les quais Jacques-Cartier et Victoria, l'unique patinoire extérieure réfrigérée de la ville offre une vue imprenable du Vieux-Montréal, avec les tours du centre-ville comme toile de fond.

Un réseau de conduits de 2,5 cm de diamètre court sur presque 30 km dans une dalle de béton. Le système de congélation, dont la puissance équivaut à celle de 750 réfrigérateurs domestiques, maintient la couche de glace de 4,5 cm à une température idéale de -8 °C. L'entretien est ici aussi assuré par une Zamboni (qui fonctionne au propane) et une surface de patinage additionnelle est disponible sur le bassin même, quand la glace est jugée sécuritaire.

Beau temps, mauvais temps, il fait toujours bon à l'intérieur du pavillon Bonsecours, où l'on trouve des vestiaires, une salle commune et un petit comptoir de restauration. On peut y louer des patins ou faire aiguiser les siens.

Patiner sur le bassin Bonsecours ne coûte rien, mais le tarif du stationnement portuaire est élevé et il n'est pas facile de garer son véhicule dans les rues avoisinantes. Prenez garde aux zones munies de parcomètres, mais néanmoins réservées aux résidants du quartier à certaines heures. La patinoire n'est qu'à quelques pas, et parfois quelques rafales, de la sortie du métro.

À noter: à l'Amphithéâtre, le port du casque est obligatoire pour les enfants de 6 ans et moins.

AMPHITHÉÂTRE BELL
1000, de la Gauchetière Ouest.
(514) 395-0555

Horaire
Tous les jours, de 11 h 30 à 22 h; jusqu'à minuit le vendredi.

Frais
Adultes: 5$; moins de 16 ans: 3$.
Soirée disco (16 ans et plus): 5$; location de patins: 4$; location de casque: 1,50$; aiguisage: 4$.

Trajet
Métro (ligne orange) jusqu'à la station Bonaventure (suivre ensuite les indications).

BASSIN BONSECOURS
Vieux-Port: (514) 496-PORT (7678);
Bassin Bonsecours: (514) 282-5256.

Horaire
Tous les jours, de 10 h à 22 h, du 5 déc. au 7 mars (fermeture à 18 h le jour de Noël et du Nouvel An).

Frais
Le patinage est gratuit; location de patins: 6 $; aiguisage: 5 $; casiers gratuits (cadenas: 2 $); parking: 7 $.

Trajet
Métro (ligne orange) jusqu'à la station Champ-de-Mars. Marcher vers le sud sur la rue Gosford (ou suivre les panneaux en direction du Vieux-Port).

L'Halloween
en ville

À Montréal, l'Halloween ne passe pas inaperçue. Quatre centres scientifiques – le Planétarium, le Jardin botanique, l'Insectarium et le Biodôme s'unissent dans une célébration à faire frémir...

D'où vient cette curieuse tradition qui consiste à se déguiser et à recueillir des friandises? Au **Planétarium**, un spectacle thématique nous apprend que la fête tire son origine d'un festival celtique qui soulignait la fin des récoltes et le début de l'hiver, le passage de l'automne à l'hiver, de la lumière à la noirceur, de la vie à la mort...

Les Celtes croyaient que les esprits des défunts se réveillaient le 31 octobre, à la tombée de la nuit. Pour que les esprits les épargnent, ils éteignaient leur foyer et laissaient de la nourriture sur le seuil de leur porte. Et s'ils devaient sortir, ils se déguisaient eux-mêmes en esprits, pour ne pas être repérés... Tiens, tiens...

Dans le cadre du spectacle, on fait aussi un tour d'horizon (étoilé) des constellations visibles dans le ciel de Montréal, dont celles du Vampire et du Chat... inventées de toute pièce pour la circonstance!

Au **Jardin botanique**, on décore l'une des grandes serres de centaines de citrouilles peu banales. Peintes, ornées de broderie perlée et de papier mâché ou sculptées, il s'agit de citrouilles inscrites dans les diverses catégories d'un concours qui attire des «participantes» de tout le Québec. Certaines sont «déguisées» en fruit (pomme, melon d'eau ou tomate), d'autres en animal (vache, chien, porc-épic) ou en d'autres objets inusités (aspirateur, pot de confiture, etc.) Certaines sont même transformées en globe terrestre ou en voiture à cheval! On en a déjà vu qui pesait plus de 250 kg...

Qui dit Halloween, dit blatte géante, non? C'est à l'**Insectarium** que vous trouverez ces superbes spécimens de 7 cm, ainsi qu'une foule d'autres petites créatures grouillantes et frémissantes… dans des présentoirs sous verre. À l'Halloween, les enfants peuvent se faire peindre le visage en araignée, observer des tarentules et tout apprendre sur la faune arachnéenne, à l'occasion d'un spectacle thématique présenté toutes les demi-heures, la fin de semaine. On y apprend, par exemple, que les araignées n'ont ni nez ni oreilles. Ce qui explique qu'on n'ait jamais vu d'araignée à lunettes…

Le **Biodôme** est le plus récent des centres scientifiques montréalais. Il regroupe, en un espace restreint, quatre écosystèmes remarquables. À l'Halloween, les chauves-souris sont en vedette. Le Biodôme en compte 460; elles vivent dans une grotte où l'on a inversé le jour et la nuit, de manière qu'elles soient actives pendant les heures d'ouverture.

PLANÉTARIUM
1000, rue Saint-Jacques Ouest (angle Mansfield) (514) 872-4530
Horaire Du mar. au dim.: 13 h 15 et 20 h 30; le sam.: 13 h 15, 15 h 45 et 20 h 30 (en français); 15 h 30 et 19 h 15 (en anglais). Spectacle de l'Halloween: du 10 oct. au 2 nov.
Frais Adultes: 5,50 $; étudiants et aînés: 4 $; enfants de 6 à 17 ans: 2,75 $.
Trajet Station Bonaventure (ligne orange). Rue Mansfield ou de la Cathédrale vers le sud, rue Saint-Jacques vers l'ouest.

JARDIN BOTANIQUE ET INSECTARIUM
4101, rue Sherbrooke Est (angle Pie IX) (514) 872-1400
Horaire Jardins, serres et Insectarium: de 9 h à 17 h. Spectacle de l'Halloween: de 9 h à 21 h, du 10 oct. au 3 nov.
Frais Adultes: 9 $; enfants de 6 à 17 ans: 4,50 $; aînés: 6,75 $.
Trajet Station Pie IX (ligne verte). Rue Pie IX vers le nord (ou autobus 139 vers le nord jusqu'à l'arrêt suivant), puis rue Sherbrooke vers l'est.

BIODÔME
4777, ave Pierre-de-Coubertin (514) 868-3000
Horaire De 9 h à 18 h.
Frais Adultes: 9,50 $; étudiants et aînés: 7 $; enfants de 6 à 17 ans: 4,75 $.
Trajet Station Viau (ligne verte).

Complètement accro à
l'escalade en salle

Pour faire de l'escalade, ce ne sont pas les muscles qui comptent, mais bien l'agilité et la souplesse, à tout le moins au début. Jadis fief masculin, l'escalade attire aujourd'hui presque autant de femmes que d'hommes. L'escalade en salle est un sport qui revigore et détend à la fois, et où les seules limites sont celles qu'on se fixe.

La plupart des débutants suivent un cours d'initiation où ils apprennent à enfiler le baudrier, à faire les nœuds utiles et à agir comme assureur. Les grimpeurs travaillent toujours en équipe; pendant que l'un grimpe, l'assureur s'occupe de la corde. Celle-ci, fixée au baudrier de son coéquipier, passe autour d'une barre située au haut du mur et revient au sol. Le rôle de l'assureur est de récupérer le mou de la corde à mesure que son coéquipier progresse, puis de redonner du mou pour lui permettre de descendre en rappel.

Les murs d'escalade ont des prises de main de taille variée; certaines sont protubérantes, d'autres à peine visibles. Des spécialistes conçoivent périodiquement de nouveaux «parcours». Souvent, c'est la couleur des prises de main qui en indique le niveau de difficulté (prises vertes pour un parcours de débutant, par exemple).

La salle **Allez-Up** fait penser à une galerie d'art. L'atmosphère y est détendue, idéale pour l'escalade. Elle propose des dizaines de parcours de niveau différent, des surplombs, des corniches, des traversées et des voûtes. On y trouve les murs d'escalade les plus élevés au Canada; ils atteignent 14 mètres. La salle est lumineuse et la musique rythmée a de quoi donner de l'entrain.

Le **cégep André-Laurendeau**, à LaSalle, compte l'un des premiers murs d'escalade au Canada. Il a été aménagé il y a six ans; il était réservé aux étudiants, le jour, et ouvert au grand public, le soir. Maintenant, le cégep dispose de deux salles d'escalade; la première offre un mur de 10 mètres qui n'est pas piqué des vers; et la seconde, un long surplomb, une grotte et les plus belles voûtes de Montréal, pour les adeptes de l'escalade en surplomb.

Le **CEPSUM**, vaste complexe sportif de l'Université de Montréal, dispose lui aussi d'une aire d'escalade. Au sommet, on a une belle vue aérienne des terrains de tennis et de la piste d'athlétisme, mais il est conseillé de ne pas trop quitter le mur des yeux... L'endroit n'est pas trop achalandé et on peut profiter des conseils de spécialistes les mardis et jeudis.

La plus récente salle d'escalade est celle de l'**Action Directe**, à Laval: elle a ouvert ses portes en décembre 1998. Ancien entrepôt repeint dans des tons vivants, elle est courue pour ses voûtes et sa grotte, dans le plafond de laquelle on a ménagé une ouverture. Action Directe dispose aussi du seul mur d'escalade extérieur de la région de Montréal.

Enfin, à deux pas du Stade olympique, il y a la superbe salle **Horizon Roc**. Elle est baignée de lumière naturelle et ses murs font plus de 1 100 mètres carrés, la plus grande surface du genre au Canada. C'est l'endroit idéal où s'initier à ce sport. Outre les murs, il y a une grotte pour l'escalade en surplomb et des rochers, pour les grimpeurs d'expérience qui aiment pratiquer l'escalade en bloc. Enfin, c'est la salle qui est dotée de la plus grande aire de jeux pour les enfants.

ALLEZ-UP
1339, rue Shearer (angle Saint-Patrick)
(514) 989-9656

CÉGEP ANDRÉ-LAURENDEAU
1111, rue Lapierre (angle La Vérendrye)
(514) 364-3320, poste 249

CEPSUM, UNIVERSITÉ DE MONTRÉAL
2100, boul. Édouard-Montpetit (angle Vincent-d'Indy)
(514) 343-6150/(514) 343-6993

ACTION DIRECTE
4377, boul. Saint-Elzéar Ouest (angle Curé-Labelle)
(514) 688-0515

CENTRE D'ESCALADE HORIZON ROC
2350, rue Dickson (angle Hochelaga)
(514) 899-5000

Remarque – Horaire, frais et trajet en page 139.

Amateurs de
modèles réduits,
en voiture!

À Montréal, l'automne est la saison du modélisme ferroviaire: deux grandes expositions présentent de superbes modèles réduits, le tout dans une atmosphère de fête. On peut y rencontrer des spécialistes, ou encore y trouver le matériel qu'on cherche depuis si longtemps...

L'Association des modélistes ferroviaires de Montréal tient sa journée portes ouvertes à la fin octobre. Son local, situé en dessous de la rampe d'accès de la gare Centrale, a de quoi faire rêver tout modéliste. Dans ce superbe petit univers ferroviaire, des trains circulent en permanence.

La plus grande maquette ferroviaire à l'échelle HO au pays est exposée dans la salle principale. (Dans une pièce plus petite, il y a aussi une maquette à l'échelle N qui n'est pas piquée des vers.) Environ 25 locomotives circulent dans un décor qui comprend un barrage hydroélectrique, une aciérie, des prairies et divers villes et villages. Il a fallu trois ans pour construire la montagne qui se dresse à l'une des extrémités de la voie; la brasserie, elle, reproduit fidèlement les installations de Molson. La maquette fait 39 m sur 12 m; il faut à un train plusieurs heures pour en faire le tour.

Les 480 aiguillages sont commandés par un système très perfectionné; quant aux rails, ils s'étendraient sur 2 km si on les alignait. Au centre de contrôle, 4 contrôleurs (des vrais) donnent des ordres de marche aux 12 autres placés dans les triages. Un écran de télévision en circuit fermé permet aux chefs de triage de savoir ce qui se passe de l'autre côté du mont Crystal Spring; enfin, des voyants lumineux indiquent la position des trains.

Et les membres ne badinent pas avec la circulation de ces modèles réduits! Chacun a sa feuille de route et un répartiteur indique les délais de livraison aux mécaniciens de locomotive. L'exploitation ferroviaire est repro-

OCT–NOV

duite jusque dans ses moindres détails: des équipes de relève sont même prévues dans les villes! Selon les personnes interrogées, regarder son train circuler dans ces beaux décors est un véritable plaisir.

À l'occasion de la journée portes ouvertes, des membres d'une demi-douzaine d'autres clubs viennent exposer des maquettes de toutes tailles. Certains vont même jusqu'à raccorder leur réseau respectif. Des dizaines de commerçants et de collectionneurs participent aussi à l'événement et vendent du matériel et des accessoires neufs ou usagés.

À peu près en même temps se tient l'**Exposition de trains miniatures de Montréal**, événement-bénéfice organisé au profit de Jeunesse au soleil. Les dizaines de maquettes et les stands des commerçants en font une activité toute indiquée pour les enfants.

Elle réunit des modélistes du Québec, de l'Ontario et des États-Unis. Les maquettes sont de toutes tailles, des énormes à l'échelle G (conçues pour les aires extérieures) aux minuscules trains à l'échelle Z, capables de circuler dans un tunnel ménagé dans une grosse... arachide! Le Musée ferroviaire canadien et le Wakefield Steam Engine sont au nombre des organisations qui s'associent à l'exposition.

On réserve toujours aux enfants de 2 ans et plus une aire où ils peuvent jouer avec des trains; parfois, on organise une course de voitures pour les plus vieux. Le créateur de l'exposition, Ivan Dow, apporte souvent ses propres trains, dont un, très populaire, qui crache et siffle comme les vrais trains à vapeur.

ASSOCIATION DES MODÉLISTES FERROVIAIRES DE MONTRÉAL
891, rue Saint-Paul Ouest
(514) 861-6185
Horaire
Le sam.: de 11 h à 17 h; le dim.: de 10 h à 16 h, la fin de semaine la plus près du 1er nov. Téléphoner pour connaître les dates exactes.
Frais
Adultes: 5 $; moins de 12 ans: 2 $; familles: 10 $.
Trajet
Station Bonaventure (ligne orange), sortie Saint-Antoine. Rue University vers le sud, puis rue Saint-Paul vers l'ouest jusqu'à la porte rouge sous la voie ferrée.

EXPOSITION DE TRAINS MINIATURES DE MONTRÉAL
350, rue Saint-Paul Est
(450) 659-9745, (514) 872-7330
Horaire
Les sam. et dim.: de 10 h à 17 h, à la mi- ou fin nov. Téléphoner pour connaître les dates exactes.
Frais
Adultes: 6 $; aînés: 4 $; enfants: 3 $.
Trajet
Station Champ-de-Mars (ligne orange), sortie Vieux-Montréal. Rue Gosford vers le sud (en montant), rue Notre-Dame vers l'est, puis rue Saint-Claude vers le sud jusqu'au marché Bonsecours.

18

Grandeurs et misères d'un
quartier ouvrier

L a plupart des musées font état des réalisations ou des possessions des gens riches ou célèbres. Mais il en va autrement de L'Écomusée du Fier Monde. Ce dernier est consacré aux ouvriers canadiens qui, du milieu du XIXe siècle jusqu'à la fin des années cinquante, ont rendu possible la révolution industrielle. Établi dans un bâtiment des années vingt, qui abritait à l'origine des bains publics, c'est un musée moderne dont l'aménagement témoigne d'un grand souci artistique.

La piscine a été vidée et le carrelage, remplacé par du bois franc clair, mais l'ambiance de l'époque a été soigneuse- ment préservée. L'escalier d'origine, en marbre, mène à la belle entrée de la mezzanine, qui débouche sur la vaste aire de baignade art déco, dont on retiendra le haut plafond voûté et les grandes fenêtres. L'expo- sition permanente occupe deux étages, dans des alcôves qui entourent la piscine; les expositions temporaires sont installées dans le fond de cette dernière.

Une douzaine de présentations thématiques rappellent les conditions de vie et de travail des habitants du quartier. Les gens ont commencé à s'y implanter en 1769, quand Molson y a construit une brasserie; le secteur a connu son essor lors de la révolution industrielle, vers 1850. Au cours des 100 années qui ont suivi, la croissance y a été fulgurante dans les indus- tries du textile, de l'alimentation et de la fabrication. Maintenant appelé Hochelaga-Maisonneuve, on le surnommait à l'époque le «faubourg à m'lasse», en raison des énormes réservoirs de mélasse qui y ont découpé l'horizon jusque dans les années cinquante.

La dure réalité des travailleurs de l'époque est décrite sans ambages. Les familles nombreuses, supplantées par la machinerie agricole, quittaient la campagne pour s'établir dans des triplex où s'entassaient sept ou huit familles; certains logeaient même dans des abris de fortune aménagés dans la cour…

À raison de 8 à 10 enfants par famille, on ne roulait pas sur l'or. Une enquête publique, menée en 1899, révélait que des enfants de 7 ans travaillaient 12 heures par jour, 6 jours semaine, et que le taux de mortalité infantile du quartier était le deuxième plus élevé au monde, ne cédant le pas qu'à celui de Calcutta.

Dans les années vingt et trente, la pasteurisation du lait et l'établissement de cliniques médicales ainsi que de bains publics à l'intention des travailleurs (qui n'avaient ni bain ni douche à la maison) ont permis d'améliorer la situation. Seize de ces bains ont alors ouvert leurs portes; ils étaient dotés de cabines de douche et d'une piscine, parfois de bains. Les hommes y avaient accès trois jours par semaine; les femmes, deux. Les enfants pouvaient s'y rendre la fin de semaine. Les Bains Généreux (du nom du maire de l'époque), où se trouve aujourd'hui le musée, étaient les plus fréquentés: 87 000 personnes y sont passées en 1940.

Mais l'amélioration fut temporaire. La mondialisation et le déclin industriel ont frappé le quartier de plein fouet. Entre 1950 et 1970, les usines fermèrent les unes après les autres (quatre seulement ont survécu). Dans une décision qui ne passera pas à l'histoire pour sa lucidité, la Ville a alors décidé d'exproprier les travailleurs et de raser 100 maisons pour construire l'Université du Québec à Montréal; 250, pour construire le boulevard René-Lévesque; et 678 autres, pour ériger la tour de Radio-Canada.

Malgré l'établissement de ces institutions et l'injection de capitaux neufs par les restaurateurs et propriétaires de boîtes de nuit du village gai, le secteur est resté assez pauvre. La population a chuté de 80 % depuis 1950, le chômage y sévit (20 % environ) et les familles monoparentales constituent 30 % de la population. Mais cette collectivité, qui était jadis unie par le travail, la religion et la rigueur de sa condition, trouve aujourd'hui son réconfort auprès d'une centaine d'organismes communautaires – dont l'Écomusée –, et tient bon.

2050, rue Amherst (angle Ontario)
(514) 528-8444

Horaire
Du jeu. au dim.: de 10 h 30 à 17 h; le mer.: de 11 h à 20 h.

Frais
Adultes: 4 $; aînés et étudiants: 3 $; enfants de 7 à 12 ans: 2 $; familles: 10 $.

Trajet
Station Berri-UQAM (ligne orange ou ligne verte); boul. de Maisonneuve vers l'est ou rue Ontario vers l'est, puis rue Amherst vers le nord. Autre option: station Sherbrooke (ligne orange); rue Berri vers le sud, rue Sherbrooke vers l'est, puis rue Amherst vers le sud.

Fuir Montréal...
sans voiture!

Peu importe la saison, rien de plus agréable qu'une journée sur les sentiers. Mais sans voiture, s'y rendre peut relever du défi. Réjouissez-vous! Célibataires en quête de l'âme sœur ou familles, personnes en grande forme ou plutôt tentées par une petite balade, vous trouverez un club de randonnée qui siéra à votre pied. En passant, ces organismes proposent aussi des sorties d'hiver. Et surtout, ils organisent votre transport.

Si vous n'êtes pas certains de la distance que vous pouvez parcourir, commencez par la «randonnée touristique» offerte par **Randonnées plein air**. Le long des petites routes de campagne, l'autobus suit à peu de distance, cueillant à l'occasion ceux qui souhaitent se reposer. Un peu plus exigeantes, les «randonnées santé» ont lieu dans les parcs de la ville ou à l'extérieur. Si vous êtes en forme, essayez «Audax», une randonnée d'inspiration européenne: 25 à 100 km à une cadence rapide de 6 km/h. Ce club majoritairement francophone offre aussi des marches et randonnées en montagne, ou de longues fins de semaine d'excursion vers, par exemple, le pays Amish en Pennsylvanie. La plupart des excursions intègrent une activité culturelle en fin de journée. Le transport se fait par autobus.

Le club le plus récent, le dynamique **Joie du plein** air met l'accent sur le simple plaisir de se retrouver en pleine nature. Fondé en 1995, il attire à parts égales francophones et anglophones, âgés de 25 à 55 ans. Les groupes sont limités à 15 personnes. Il y a toujours deux sorties chaque fin de semaine: une randonnée facile — en forêt au mont Saint-Bruno, par exemple — et une autre plus exigeante — l'ascension de la Sawteeth Mountain dans l'État de New York vous tenterait-elle? Sous la rubrique des populaires «randonnées d'exploration», on trouve un peu de tout, de la cueillette de champignons aux excursions guidées par des naturalistes dans des grottes emplies de chauves-souris. Grâce au covoiturage, Joie du plein air demeure abordable.

Depuis plus de 30 ans, **JASS**, le meilleur club de célibataires de Montréal, offre des heures de départ moins exigeantes (de 9 h 30 à 11 h 30, selon la destination). Mieux connu pour ses randonnées de fin de semaine au mont Saint-Bruno ou au mont Royal (où un «happy hour» conclut la randonnée), le club offre aussi des excursions plus aventureuses d'une journée sur les sentiers de montagne de la province. Ici aussi, l'accent est mis sur la socialisation: vous êtes conviés à un pique-nique en groupe au sommet. JASS organise également des soirées de danse le vendredi, des soirées de musique classique, et nombre d'autres activités. Le covoiturage s'effectue au départ des stations de métro Crémazie et Longueuil.

Des douzaines d'autres clubs de randonnée sont affiliés à la Fédération québécoise de la marche [(514) 252-3157]. Chaque saison, elle publie l'excellent magazine *Marche*, qui comprend une liste de clubs et un calendrier d'événements.

RANDONNÉES PLEIN AIR
(514) 278-3477

Horaire: Toute l'année.

Frais: Randonnées: 20 $ à 40 $ (incluant le billet d'autobus); aucun fais de membership.

Trajet: Départ en autobus, depuis la sortie nord de la station Crémazie (ligne orange) à 7 h 30. Réservez votre place.

JOIE DU PLEIN AIR
(514) 721-3375

Horaire: Toute l'année.

Frais: Randonnées: 13 $; covoiturage: 1 $/30 min; carte de membre: 39,50 $/année.

Trajet: Covoiturage au départ de différentes stations de métro de 7 h à 9 h, selon la destination. Réservez votre place.

JASS
(514) 338-8727

Horaire: Toute l'année.

Frais: Mont-Royal et mont Saint-Bruno: non-membres: 6 $; membres: 3 $; covoiturage: 1 $ /30 min; carte de membre: 40 $ /année.

Trajet: Pour sortir de la ville: covoiturage depuis les stations Crémazie (ligne orange) ou Longueuil (ligne jaune) de 9 h 30 à 11 h 30, selon la destination. Réservez votre place. Mont Royal: sam. et dim.: à 14 h; angle sud-ouest du parc et rue Mont-Royal. Mont Saint-Bruno: covoiturage à partir du centre commercial Saint-Bruno.

Le Vieux-Montréal

❂ Squares achalandés, maisons historiques, étroites rues pavées où résonne le pas du cheval tirant sa calèche entre les édifices hauts et étroits… Des installations récréatives modernes aménagées dans un environnement patrimonial, voilà ce qui attire résidants et touristes dans le Vieux-Montréal. On peut y passer des heures à se balader, à faire du patin à roues alignées sur la promenade qui longe le port ou à musarder dans les galeries et boutiques de la

rue Saint-Paul. ❂ Le Vieux-Montréal est l'endroit de prédilection des amateurs d'histoire. Ses musées se sont fait une spécialité de raconter le passé de cette vieille ville portuaire et ils sont les meilleurs et les plus accessibles de la ville. Les enfants vous accompagnent? Installez-les devant un écran IMAX; laissez-les retrouver leur chemin dans S.O.S. Labyrinthe; ou amenez-les faire un tour de traversier peu dispendieux sur le fleuve Saint-Laurent. Et ne manquez surtout pas la place Jacques-Cartier, bordée de restaurants. Lieu de rencontre le plus ancien de la ville, il est toujours aussi vivant. Garer sa voiture dans le Vieux-Montréal est plutôt difficile et pour compliquer davantage les choses, plusieurs zones munies de parcomètres sont pourtant réservées exclusivement aux résidants du quartier. Comme ailleurs en ville, les agents de stationnement sont sans pitié. Bien que dispendieux, les stationnements publics du quai de l'Horloge et du quai Alexandra sont plus sûrs, mais se rendre en métro reste probablement la meilleure solution.

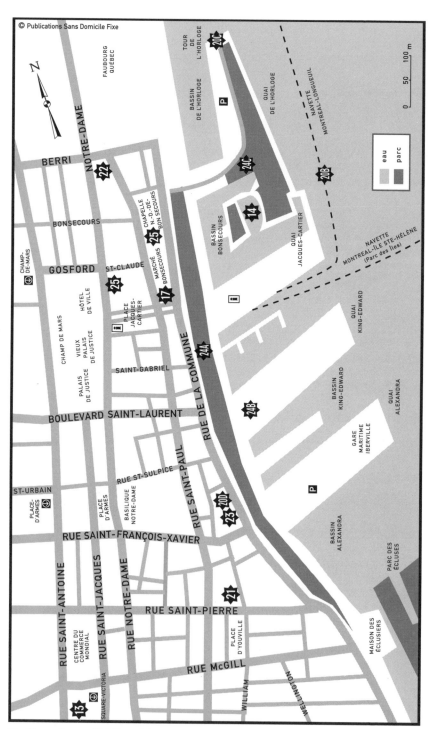

© Publications Sans Domicile Fixe

DESTINATIONS

20A. Chapelle Notre-Dame-de-Bon-Secours (chapelle des marins)
450, rue Saint-Paul Est
(514) 282-8670
p. 56

20B. Croisières AML
Quai Jacques-Cartier (au pied du boul. Saint-Laurent)
(514) 281-8000
p. 56

20C. Tour de l'Horloge
Quai de l'Horloge
(514) 496-PORT (7678)
p. 56

21. Centre d'histoire de Montréal
335, place d'Youville
(514) 872-3207
p. 58

22. Lieu historique national Sir-George-Étienne-Cartier
458, rue Notre-Dame Est
(514) 283-2282
p. 60

23 et 20D. Pointe-à-Callière, Musée d'archéologie et d'histoire de Montréal
350, place Royale
(514) 872-9150
p. 62 & p. 56

24A. Promenade
(514) 496-PORT (7678)
p. 64

24B. IMAX
Quai King-Edward
(514) 496-IMAX (4629)
p. 64

24C. MayaVentura (labyrinthe)
Quai de l'Horloge
(514) 869-9919
p. 64

25. Château Ramezay
280, rue Notre-Dame Est
(514) 861-3708
p. 66

13. Bourse de Montréal
800, square Victoria
(514) 871-3582
p. 38

14. Bassin Bonsecours
(514) 496-PORT (7678)
p. 40

17. Exposition de trains miniatures de Montréal (marché Bonsecours)
350, rue Saint-Paul Est
(514) 872-7730
p. 46

INFORMATION TOURISTIQUE

Bureau de Tourisme du Vieux-Port
Quai Jacques-Cartier
(514) 496-PORT (7678)

Centre InfoTouriste du Vieux-Montréal
174, rue Notre-Dame Est (place Jacques-Cartier)

20

Les plus beaux points de vue du Vieux-Montréal

L a première chapelle de Montréal fut érigée en 1657, tout juste à l'extérieur de Ville-Marie et à 30 mètres de la rive. Depuis, la ville a changé de nom et le fleuve a été repoussé. Mais **Notre-Dame-de-Bon-Secours**, détruite par le feu puis reconstruite, est toujours magnifique et offre une vue imprenable sur les toits des environs.

Du balcon vitré qui surplombe le bord de l'eau, vous avez un avant-goût des points de vue qui vous attendent plus haut. L'ascension jusqu'à un autre poste d'observation décoré de vitraux est facile, mais attention à votre tête dans l'escalier en colimaçon! Encore quelques marches et vous arriverez à l'obser-vatoire extérieur, encadré par deux anges à trompette, directement sous une Vierge aux bras ouverts et qui fait bien six mètres. À l'époque, le clocher de la chapelle devait faire toute une impression sur les marins qui arrivaient après une longue et périlleuse tra-versée vers des terres inconnues.

La chapelle abrite un excellent musée dédié à Marguerite Bourgeoys. Cette femme intrépide travailla inlassablement à l'édification de la chapelle et à la fondation de la première école, traversant sept fois l'Atlantique pour le bien-être des colons. Cinquante-huit dioramas et trois productions holovi-suelles présentent des scènes de sa vie. Dans une crypte mise au jour en 1998, on découvre les fondations de la première chapelle en pierre. Des artefacts sont également présentés dans des vitrines.

Solitaire à l'extrémité d'un long quai, la **Tour de l'Horloge** est l'un des bâtiments les plus intéressants du Vieux-Port. Conçue en 1919 par Paul Leclaire et dédiée à la mémoire des marins disparus au cours de la guerre, elle a rapidement été intégrée aux activités portuaires. D'un monument abstrait de 30,5 m, en granit rose, on a fait une tour à horloge, en ciment et stucco, assez solide pour supporter les élévateurs à grains. Maintenant seule à l'extrémité est du Vieux-Port, cet imposant bâtiment a néanmoins conservé une certaine légèreté.

Il y a 135 marches jusqu'au mécanisme de l'horloge et encore 56 autres jusqu'au belvédère. Des panneaux d'information et des photos sur l'histoire du port vous attirent toujours plus haut, tout en vous fournissant des prétextes pour vous reposer. Certains expliquent l'évolution économique du port, tandis que d'autres intriguent par des messages du genre «le projet de tirer du canon à midi fut abandonné». Une fois arrivé à la base du balancier de 6,1 m, vous vous trouvez pratiquement à l'intérieur du mécanisme, juste derrière les quatre immenses cadrans.

De là-haut, la vue en direction des quatre points cardinaux est excellente. Au nord, il y a le centre de la ville; à l'est, le pont Jacques-Cartier; à l'ouest, le pont Victoria (le premier de la ville); et au sud, le phare de l'île Sainte-Hélène.

Les **Croisières AML** exploitent plusieurs traversiers dans le Vieux-Port. Les destinations les plus économiques sont l'île Sainte-Hélène et Longueuil. La route vers Longueuil est la plus intéressante, vous emmenant au-delà du nouveau port en passant sous l'extraordinaire pont Jacques-Cartier. Elle rejoint également une piste cyclable qui longe une route achalandée et mène aux îles de Boucherville, un parc plutôt urbain. Le traversier qui mène à l'île Sainte-Hélène est gratuit si vous visitez la Biosphère ou le musée Stewart. Il n'y a pas de frais pour les vélos.

Pour manger tout en jouissant du meilleur point de vue, rendez-vous à la terrasse de Pointe-à-Callière (voir page 62).

CHAPELLE NOTRE-DAME-DE-BON-SECOURS
450, rue Saint-Paul Est
(514) 282-8670

TOUR ET QUAI DE L'HORLOGE
(à pied depuis la place Jacques-Cartier)
(514) 496-PORT (7678)

CROISIÈRES AML
(traversiers)
Quai Jacques-Cartier (à pied depuis l'extrémité de la rue Saint-Laurent)
(514) 281-8000

Remarque – Horaire, frais et trajet en page 140.

21

La ville essentielle au
Centre d'histoire
de Montréal

Belle réussite que cette synthèse de l'histoire de Montréal, présentée dans une ancienne caserne de pompiers faite de pierres de taille et de briques, et située près du Vieux-Port. En une heure environ, on y traverse un album vivant du passé et du présent de la ville et on en repart avec l'agréable impression d'en avoir saisi l'essence même. On visite ses quartiers, ses usines et ses quais, et même une habitation typique, dans le confort d'un espace muséologique résolument moderne.

Chef-d'œuvre de design en trompe-l'œil, le Centre d'histoire offre beaucoup à voir et à entendre dans chacune de ses sept salles principales. Certaines installations s'éclairent dès qu'on s'en approche; d'autres demeurent dans l'ombre jusqu'à ce qu'on presse un bouton. On y a recréé les différentes périodes de l'histoire de Montréal et l'atmosphère de ses quartiers représentatifs en utilisant perspective, juxtapositions et éclairages, le tout de façon saisissante.

Dans l'une des salles, par exemple, les colonnes de style roman de l'édifice de la Banque de Montréal se retrouvent à quelques mètres à peine des arches néogothiques de la basilique Notre-Dame. Dans une autre, on arpente un quai en bois du Vieux-Port, sous l'étrave d'un grand voilier, puis on grimpe à bord d'un tramway qui assurait le service le long de la rue Sainte-Catherine. Intéressants aussi ces corridors thématiques, ces portes voûtées, ces rampes et escaliers qui relient les zones entre elles — et pourtant, le musée demeure entièrement accessible aux personnes en fauteuil roulant!

Le musée offre une leçon d'histoire que même les enfants sauront apprécier. Il n'y a qu'un intouchable: le lampadaire en fibre de verre brute, souvenir d'Expo 67, installé dans le hall d'entrée. On peut toucher à tout le reste, y compris à l'horloge en chêne fabriquée au tournant du siècle (par IBM!) qui résonne agréablement quand on pousse un levier. La plupart des installations sont dotées de plusieurs boutons à presser et sont conçues pour être appréciées en environ deux minutes chacune.

La zone où l'on a recréé un quartier ouvrier traditionnel du Plateau Mont-Royal est très impressionnante. On y trouve une excellente reproduction d'une vue de la cour arrière d'un triplex typique. On peut aussi y admirer la reproduction, presque grandeur nature, de la façade d'un duplex. Si vous n'avez jamais habité le Plateau, voici votre chance de grimper l'un de ces fameux escaliers extérieurs en colimaçon qui mènent directement du trottoir au balcon du premier étage. Uniques à Montréal, ces œuvres d'art en fer forgé et en bois étaient souvent conçues sur mesure pour chaque domicile. En déménageant littéralement la cage d'escalier en plein air, on augmentait l'espace habitable tout en éliminant des frais de chauffage inutiles.

En haut, on entre dans le petit salon d'une demeure bien entretenue, avec sa chaise confortable et son poste de radio des années vingt qui retransmet une émission populaire à l'époque. Un peu plus loin, on peut jeter un coup d'œil dans une ruelle par les trous de nœuds d'une palissade en bois.

Une autre installation spectaculaire présente le Montréal des années 1850, alors à la tête de la révolution industrielle au Canada. L'éclairage tamisé, des photographies grandeur nature d'ouvriers, d'énormes courroies et des rouages qui tournent au ralenti au-dessus de nos têtes transforment ce qui devait être un environnement tres bruyant en un monde presque féerique.

Les multimédias sont bilingues. Une brochure (en français seulement) rassemble les informations fournies à chaque installation.

335, place d'Youville
(514) 872-3207

Horaire
Du 4 mai au 21 juin: tous les jours: de 9 h à 17 h; du 22 juin à la fête du Travail: tous les jours: de 10 h à 17 h; de la fête du Travail au 3 mai: du mar. au dim.: de 10 h à 17 h. Fermé du second lun. de déc. au 31 déc.

Frais
Adultes: 4,50 $; enfants de 6 à 17 ans, étudiants et personnes âgées: 3 $. Tarifs réduits pour les détenteurs de la carte Accès Montréal.

Trajet
Station Victoria (ligne orange), sortie Saint-Jacques. Vers le sud par la rue McGill College jusqu'à la place d'Youville. En regardant vers l'est, on aperçoit le musée.

22

D'étranges coutumes dévoilées au musée Sir-George-Étienne-Cartier

Les Montréalais d'aujour-d'hui ont plus en commun avec les Montréalais de l'époque victorienne qu'ils ne seraient portés à le croire. Les maisons des citoyens fortunés de la fin du XIXe siècle étaient encombrées de souvenirs de voyage: bustes grecs, vases japonais, etc. La mode avait été lancée à la Grande Exposition de 1851 au Crystal Palace de Londres, où on avait pu admirer des objets de partout dans le monde. Refléter un tel esprit cosmopolite devint vite l'une des obsessions du style victorien.

L'esprit victorien du Montréal du tournant du siècle revit au lieu historique national Sir-George-Étienne-Cartier, un musée somptueux situé à l'angle des rues Notre-Dame et Berri, dans le secteur est du Vieux-Montréal. Il occupe deux charmantes demeures contiguës, autrefois propriété de sir George-Étienne Cartier: politicien montréalais, homme de loi et Père de la Confédération.

On accède à la partie plus moderne de la maison par une porte cochère, puis on déambule à travers six ou sept pièces, incluant un salon, la chambre de Mme Cartier et une salle à manger richement décorée. Dans la salle de bains trône une commodité rare à l'époque: la baignoire. Son aspect terne n'a rien à voir avec l'âge ou le manque d'entretien. Avant l'apparition du fini en céramique, les premières baignoires étaient en plomb.

Le musée explique quelques étranges coutumes, dont certaines se perpétuent encore aujourd'hui, comme celle de fabriquer des chaises avec bras pour les hommes et sans bras pour les femmes. Tout à fait logique à cette époque où l'ampleur des vêtements féminins nécessitaient de telles particularités. Autre invention victorienne, le panneau à l'avant du foyer du salon qui servait à protéger «la peau délicate» du beau sexe de la chaleur.

Dans les maisons françaises, mari et femme s'assoyaient l'un en face de l'autre au milieu de la table alors que dans les maisons anglaises, ils s'assoyaient à chaque bout. George-Étienne était anglophile et sa femme, Hortense Fabre, francophile. Bien qu'ils adoptèrent de nombreuses coutumes victoriennes, au moment du repas, ils s'assoyaient au centre.

La plus connue des traditions victoriennes est celle de l'arbre de Noël. En 1873, une photo de la reine Victoria, publiée dans le *Illustrated London News*, la montrait en famille, autour d'un petit sapin déposé sur une table, décoré d'ornements en papier et avec des cadeaux en dessous. La tradition était importée d'Allemagne, d'où la mère et le mari de la reine Victoria étaient originaires. Noël, fête des enfants, était une nouveauté dans le monde anglo-saxon, mais bientôt tout le monde s'y mit. C'est justement dans le temps de Noël que le musée est le plus vivant, on y décore les lieux et y offre habituellement un excellent spectacle. Les fins de semaine, des «serviteurs» en habit du dimanche expliquent quelques autres des coutumes de Noël qu'affectionnait la bourgeoisie victorienne. Par exemple, ces arrangements de fruits frais déposés sur les consoles, mais jamais sur la table. Car tout n'était pas destiné à être mangé. L'ananas, entre autres, une nouveauté à l'époque, était bien trop cher. Il était loué pour l'occasion et devait être retourné! Les victoriens ont aussi introduit à la table les boîtes de conserve en fer blanc, une invention qui suscita tout un engouement à l'époque.

Des visites guidées (en français et en anglais) ont lieu régulièrement durant le temps de Noël et sont offertes aux groupes à d'autres moments de l'année, mais il faut réserver.

458, rue Notre-Dame Est
(514) 283-2282
Réservations requises pour les groupes qui souhaitent faire une visite guidée.

Horaire
Du 1er avr. au 24 juin et de sept. au 20 déc.: du merc. au dim.: de 10 h à 12 h et de 13 h à 17 h; du 24 juin à sept.: tous les jours: de 10 h à 18 h. Fermé du 21 déc. au 31 mars.

Frais
Adultes: 3,25 $; personnes âgées: 2,50 $; enfants de 6 à 16 ans: 1,50 $.

Trajet
Station de métro Champ-de-Mars (ligne orange), sortie Vieux-Montréal. Marchez vers le sud rue Gosford (vers le haut de la colline) jusqu'à Notre-Dame, puis vers l'est jusqu'au musée.

23

Un marché public du XVIIIᵉ siècle à Pointe-à-Callière

Au début de l'été de 1642, Paul de Chomedey, sieur de Maisonneuve, débarqua sur une pointe boueuse qui s'avançait dans le Saint-Laurent et y fonda une colonie religieuse, la première colonie européenne de l'île de Montréal. La vie n'y était pas facile. Dès le premier hiver, près de la moitié des colons moururent et plusieurs autres auraient connu le même sort sans la générosité des autochtones. Au printemps, le temps doux provoqua une inondation qui poussa les missionnaires vers des terres plus hautes. (La croix du mont Royal rappelle celle qu'y planta de Maisonneuve pour remercier Dieu d'avoir épargné la colonie.)

Lors du 350ᵉ anniversaire de la fondation de Montréal, le Musée d'histoire et d'archéologie a ouvert ses portes à l'emplacement même de la première colonie. Tel que conçu par Dan Hanganu, cet édifice singulier est censé refléter l'histoire et le passé naval de Montréal. Sa forme triangulaire rappelle l'édifice de la Royal Insurance Company, qui a déjà occupé ce lieu, et évoque la proue d'un navire. La tour et les «poutres» en saillie accentuent cette impression, tandis que la galerie ajoute une touche monastique à l'ensemble.

AOÛT

Pour remonter dans le temps, vous devrez descendre sous les pavés du vieux port. Les travaux d'excavation préalables à la construction du musée ont permis de découvrir des structures et des artefacts importants. Ce qui reste de la rivière Saint-Pierre coule maintenant sous l'édifice. En 1849, on l'a confinée à l'intérieur d'une conduite, comme la plupart des cours d'eau de l'île. Elle y coule encore un peu la plupart du temps, surtout au printemps. La découverte du premier cimetière catholique a été une surprise; ses tombes depuis longtemps oubliées reposaient sous les fondations d'un entrepôt du XVIIIe siècle. Cette découverte, comme les autres, a été incorporée au musée.

Il est fascinant de marcher dans les souterrains au milieu des fondations en pierre massive de l'auberge Wurtele et d'un ancien corps de garde, ainsi qu'au-dessus d'une maquette de la ville entourée de son enceinte, telle qu'elle était au milieu du XVIIe siècle. Les visiteurs peuvent y rencontrer le fantôme de Sarah Wurtele, l'aubergiste, et lui poser des questions sur Montréal.

Chaque année en août, le musée accueille un marché en plein air fort populaire, où environ 35 artisans québécois offrent des produits qu'on pouvait trouver sur les marchés au milieu du XVIIIe siècle: dentelle, paniers, chapeaux de paille, chandelles de cire d'abeille, chaussures, chocolat, savon au lait de chèvre, etc. Tous arborent des costumes d'époque et plusieurs démontrent leurs procédés de fabrication. Une année, on tondait des moutons au moyen d'une tondeuse actionnée à l'aide du pied, pendant que des femmes faisaient leur lessive dans l'eau de la fontaine de la Place Royale.

Il y a aussi à boire et à manger, notamment des bleuets du Lac-Saint-Jean et de l'hydromel. Certains produits d'aujourd'hui brillent par leur absence: à l'époque, on croyait les tomates toxiques et on réservait les pommes de terre aux animaux. Donc, pas de frites ni de ketchup! Mais il y avait de la gomme à mâcher et on en vend une à saveur de résine de pin, qui conserve son goût pendant des semaines.

À Noël, le musée présente des pères Noël du monde entier. Certaines années, vous pourrez rencontrer Befana (Italie), Melchior (Espagne) ou Babouchka (Russie); et notre bon vieux père Noël est bien sûr toujours là. Tous sont bilingues et peuvent raconter l'origine de leurs traditions d'échange de cadeaux.

350, Place Royale
(514) 872-9150

Horaire

Musée: de la fête du Travail au 24 juin: du mar. au ven.: de 10 h à 17 h; les sam. et dim.: de 11 h à 17 h. Du 24 juin à la fête du Travail: du mar. au ven.: de 10 h à 18 h, les sam. et dim.: de 11 h à 18 h. Marché: le sam.: de 10 h à 20 h; le dim. et habituellement la dernière fin de semaine du mois d'août: de 10 h à 18 h.

Frais

Musée: adultes: 8,50 $; personnes âgées: 6 $; étudiants (avec carte): 5,50 $; enfants (de 6 à 12 ans): 3 $; famille: 17 $. Marché annuel: gratuit.

Trajet

Station Place-d'Armes (ligne orange). Prendre Saint-Urbain vers le sud, puis Saint-Sulpice jusqu'à de la Commune. Tourner vers l'ouest jusqu'au musée.

24

Des enfants heureux
dans le Vieux-Montréal

A près la peinture sur visage, les artistes de la rue et les comptoirs de crème glacée de la place Jacques-Cartier, c'est de l'autre côté de la voie ferrée et à l'intérieur du **Vieux-Port** que vos enfants pourront s'amuser. En 1992, à l'occasion du 350e anniversaire de la ville, on a fait un sérieux lifting aux entrepôts, aux quais et aux 2 km de promenade, et depuis, de

nouveaux commerces s'ajoutent chaque année. Au sud de la rue de la Commune, il faut payer pour se divertir, mais il en est souvent ainsi dans les sites touristiques. Voici un aperçu des principales attractions pour enfants.

Sous son grand chapiteau du quai de l'Horloge, **MayaVentura** est un labyrinthe *high-tech* qui offre cinq niveaux de difficulté. Vous devez traverser quatre «temples» mayas et vos résultats sont enregistrés sur des bracelets spéciaux. Des guides en patins à roues alignées parcourent les corridors pour vous orienter... et vous désorienter! Et si vous voyez le mot «Raccourci» sur un écriteau, méfiez-vous! Certains soirs d'été, on éteint les lumières à 20 h et il faut alors se débrouiller à l'aide d'une lampe de poche (apportez-en une ou achetez-en une). Chaque semaine, on change la disposition des cloisons de toile épaisse qui servent à créer les corridors. Le labyrinthe est accessible en fauteuil roulant et en poussette.

La plupart des gens connaissent les sensations fortes que crée l'écran géant du cinéma **IMAX**. La salle du Vieux-Port était la première de cette chaîne de cinémas à Montréal et son écran demeure le plus grand en ville. Ses programmes doubles, qui changent deux fois l'an, en avril et en septembre, comprennent souvent des films en 3D.

Sur le quai Jacques-Cartier, Claude Thibaudeau et son équipe de cerfs-volistes font gratuitement la démonstration de leur art. Chaque fin de semaine, si le temps le permet, environ une douzaine de cerfs-volants monocordes ou acrobatiques prennent l'air. Vous pouvez essayer de les faire voler, mais vous devez d'abord obtenir votre permis à **La Cerf-Volanterie**, au 224, rue Saint-Paul Ouest. C'est gratuit et la boutique vaut le détour, ne serait-ce que pour voir l'étonnante variété des cerfs-volants fabriqués à la main. Les prix: à partir de 65 $.

Quadricycles loue des cycles à deux ou quatre places, à utiliser sur la promenade. Pour un aller-retour, une demi-heure suffit amplement. On peut aussi louer des **pédalos** pour le bassin Bonsecours. Ne craignez pas de dériver vers le large: ce bassin artificiel est entièrement clos.

Vélo Aventure possède assez de matériel — patins à roues alignées, vélos, tandems et voiturettes d'enfants pour joggeurs et cyclistes – pour faire rouler 250 personnes à la fois. Et si vous n'avez jamais fait de vélo, le patron, Ken Piché, se fait fort de vous enseigner la technique. Rue de la Commune, deux boutiques louent aussi des patins à roues alignées.

Le Mondial de la bière est l'un des plus importants événements à se tenir dans le Vieux-Port. Chaque année à la fin juin, des brasseurs du monde entier y présentent leurs produits. Parmi les 250 variétés de bière et de scotch qu'on peut alors goûter, les produits locaux sont bien représentés. Les prix élevés interdisent tout excès, mais l'occasion est belle d'exercer son goût.

À Noël, sur une scène extérieure, on présente une «crèche vivante». Les animaux vivants (moutons, chèvres, chameaux) et les chansons interprétées par les comédiens créent une atmosphère joyeuse, beau temps, mauvais temps.

Vieux-Port de Montréal
(514) 496-PORT (7678)
MayaVentura
(514) 869-9919
IMAX
(514) 496-IMAX (4629)
Quadricycles
(514) 849-9953
Pédalos
(514) 282-0586
Vélo Aventure
(514) 847-0666
La Cerf-Volanterie
(514) 845-7613

25

L'album de célébrités
du musée du Château Ramezay

L'été, pas de doute, ça bouge dans le Vieux-Montréal et au musée du Château Ramezay, juste en face de l'hôtel de ville, on peut découvrir ceux qui faisaient bouger les choses quand le Vieux-Montréal était plus jeune. Du vélocipède au missel en langue micmac en passant par la cloche d'église «disparue» de Louisbourg, sa collection est un captivant assemblage hétéroclite qui comprend un «album de célébrités», des portraits de ceux qui furent les bâtisseurs — Français, Anglais et Écossais — de la ville, à l'époque de la Nouvelle-France et du Bas-Canada.

Ce beau manoir de pierre construit en 1705 fut la demeure de la famille Ramezay qui, malgré son nom à consonance écossaise, était d'origine française. L'édifice a été jalousement préservé depuis qu'il fut sauvé du pic des démolisseurs par un groupe de citoyens en 1896.

L'exposition, qui occupe plusieurs petites salles, est à la fois chronologique et thématique. On nous présente d'abord la vie amérindienne sur l'île avant la colonisation. À noter, la superbe maquette d'un village iroquoien et deux curiosités. L'autoportrait peu banal du dernier chef des Hurons est flanqué de quelques objets qu'on le voit arborer sur la toile, dont l'astucieuse combinaison d'un calumet de paix et d'une hache de guerre! Jacques Cartier, premier Européen à rejoindre Montréal (1534) a aussi droit à son portrait «officiel», à cela près qu'il est pure invention de l'artiste, personne n'ayant jamais su à quoi ressemblait l'explorateur.

Dotée d'un impressionnant revêtement en panneaux de bois, l'une des salles rappelle qu'à partir de 1756, le château servit de comptoir à la Compagnie des Indes, représentante commerciale de la couronne de France dans les Caraïbes. Les panneaux muraux richement ouvrés sont en fait ceux de la maison mère à Nantes et furent acquis par le musée peu de temps après leur exposition au pavillon de la France à Expo 67.

Une salle évoque la rébellion des Patriotes en 1837. Menés par Papineau et McKenzie, les gens du peuple, Français et Anglais côte à côte, se révoltèrent contre un gouvernement provincial jugé trop élitiste. À côté du portrait de lord Elgin, la déclaration qu'il rédigea, laquelle promettait aux victimes de la Rébellion le remboursement des pertes subies, enragea telle-ment les Anglais, qu'ils incendièrent le siège du gouvernement, situé à l'époque à Montréal. Ce portrait, le préféré d'Elgin, fut légué au musée par ses descendants.

Autre portrait intéressant, celui de Jean Talon, l'intendant le plus progres-siste de Nouvelle-France. Talon octroya des terres non seulement à la noblesse mais également aux capitaines et aux soldats. C'est également lui qui fit venir les célèbres filles du Roy. Pour Talon, hors du mariage, point de salut: les «filles» qui atteignaient dix-huit ans et les colons de vingt ans qui tardaient à s'engager étaient passibles d'amendes. Quelques-uns en perdirent même leurs droits de chasse.

Étonnant de retrouver ici un portrait de Benjamin Franklin, qui était pourtant à Montréal au moment où les troupes américaines occupèrent la ville plusieurs mois durant et firent du château leur quartier général. Les Américains tentèrent en vain de convain-cre les Québécois de se joindre à leur lutte contre l'Empire britannique. En repartant, Franklin laissa derrière et sa presse à imprimer... et son imprimeur. En 1778, Fleury Mesplet fonda la *Gazette* de Mont-réal. Ses vues sur la liberté lui valurent la prison à plusieurs reprises.

Les dimanches après-midi, on peut apprendre à cuire le pain ou à baratter le beurre dans la cuisine d'époque. Des con-certs toujours très populaires sont régulièrement présentés les dimanches. Le musée inaugurera cet été les Jardins du gouverneur.

280, rue Notre-Dame Est
(514) 861-3708

Horaire
Du mar. au dim.: de 10 h à 16 h 30; l'été: tous les jours de 10 h à 18 h.

Frais
Adultes: 6 $; personnes âgées: 5 $; étu-diants: 4 $; jeunes de 6 à 18: 3 $; familles: 12 $.

Trajet
Station Champ-de-Mars (ligne orange). Suivez les panneaux de signalisation qui indiquent le Vieux-Montréal.

Le «West Island»

✪ L'ouest de l'île débute dans l'historique ville de Lachine et s'étend sur 20 kilomètres jusqu'au lac des Deux Montagnes, où la rivière des Outaouais se jette dans le Saint-Laurent. Si, pour plusieurs, le

«West-Island» évoque surtout maisons de banlieue et centres commerciaux, on y trouve néanmoins quelques-uns des plus beaux espaces verts de Montréal. ✪ Le parc-nature du Cap-Saint-Jacques, par exemple, est une merveille. Un tiers plus grand que le Parc du Mont-Royal, on y trouve des forêts profondes, de superbes sentiers de randonnée et une plage très prisée. Deux fermes sont encore en exploitation dans ce vaste territoire autrefois entièrement rural: la ferme MacDonald de l'université McGill et l'Écoferme du Cap-Saint-Jacques. L'histoire est aussi présente au sympathique Musée de la traite des fourrures à Lachine. ✪ Cette section comprend également quelques destinations qui, techniquement, ne font pas partie du «West-Island»,

mais valent vraiment le déplacement. Un peu plus à l'ouest, sur l'île Perrot, Pointe-du-Moulin est le site d'un des plus anciens moulins à vent encore en opération au Québec. Un endroit idéal pour une promenade ou un pique-nique. Reconnu pour sa plage extrêmement populaire, le parc d'Oka offre aussi de superbes sentiers pour les randonnées d'automne et d'agréables pistes de ski de fond. ✪ Les destinations figurant dans cette section ne sont pas toutes faciles à atteindre par transport en commun. L'Écomusée et l'Arboretum Morgan ne sont accessibles qu'aux heures de pointe durant l'année scolaire et un long trajet en taxi est nécessaire pour se rendre à Pointe-du-Moulin. Dans ces cas et dans quelques autres, vous trouverez les indications routières appropriées.

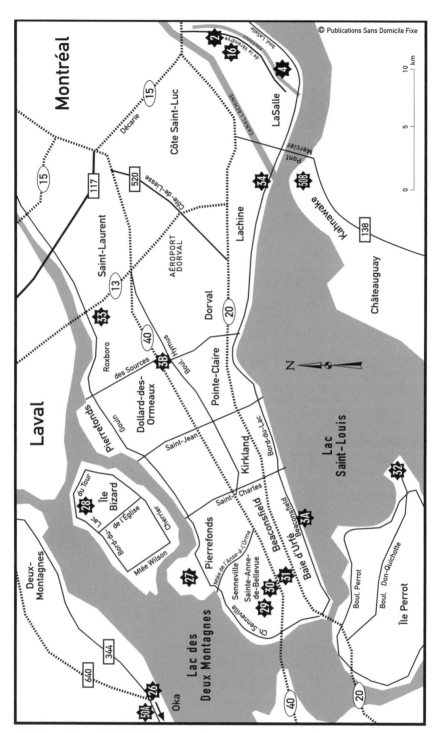

© Publications Sans Domicile Fixe

DESTINATIONS

26. Parc de récréation d'Oka
2020, chemin d'Oka
Oka
(450) 479-8365
p. 72

27. Parc-nature du Cap-Saint-Jacques
20099, boul. Gouin Ouest
Pierrefonds
(514) 280-6871
p. 76

28. Parc-nature du Bois-de-l'Île-Bizard
2115, chemin Bord-du-Lac
Île Bizard
(514) 280-8517
p. 74

29. Arboretum Morgan
150, chemin des Pins
Sainte-Anne-de-Bellevue
(514) 398-7811
p. 76

30. Écomuséum de la vallée du Saint-Laurent
21125, chemin Sainte-Marie
Sainte-Anne-de-Bellevue
(514) 457-9449
p. 78

31. Ferme Macdonald
21111, chemin Lakeshore
Sainte-Anne-de-Bellevue
(514) 398-7701
p. 80

32. Pointe-du-Moulin
2500, boul. Don-Quichotte
Notre-Dame-de-l'Île-Perrot
(514) 453-5936
p. 82

33. Parc-nature du Bois-de-Liesse
9432, boul. Gouin Ouest
Pierrefonds
(514) 280-6729
p. 84

34. Musée du lieu historique national du Commerce-de-la-fourrure-à-Lachine
1255, boul. Saint-Joseph
Lachine
(514) 637-7433
p. 86

2. Aquadôme
1411, rue Lapierre
LaSalle
(514) 367-6460
3A. La Poterie
450B, boul. Beaconsfield
Beaconsfield
(514) 697-8187

3B. Café Art Folie
3339C, boul. des Sources
(Plaza Centennial)
Pointe-Claire
(514) 685-1980
p. 16

4. Les Circuits in-Kart
7852. boul. Champlain
LaSalle
(514) 365-6665
p. 18

16. Cégep André-Laurendeau
1111, rue Lapierre
LaSalle
(514) 364-3320, poste 249
p. 44

INFORMATION TOURISTIQUE

Ligne téléphonique du réseau des parcs-nature de la CUM
(514) 280-PARC (7272)

26

Pèlerinage et randonnée en terrain marécageux au
parc d'Oka

R éputé pour ses plages, l'immense parc de récréation d'Oka propose aussi une mosaïque de milieux naturels et deux superbes sentiers pédestres. L'un sillonne une zone marécageuse, l'autre, emprunté jadis par des milliers de pèlerins, grimpe la montagne du calvaire. Les deux sont très beaux en automne.

Le sentier écologique de la Grande Baie s'amorce au centre touristique et mène à un superbe marais qui niche au cœur d'une vaste baie protégée. Fait de gravillon et de terre compactée, il est généralement en bon état et n'est pas très exigeant, si ce n'est d'une ou deux dénivellations un peu plus prononcées.

Le premier tronçon franchit le vieux verger, où les pommiers sont en fleur à la mi-printemps. Puis, le sentier pénètre dans une forêt d'arbres à maturité, composée essentiellement d'érable et de hêtre, mais qui comporte aussi quelques essences rares sous nos latitudes, soit les caryers ovale et cordiforme.

Le troisième écosystème borde la baie. C'est l'érable argenté qui pousse ici, car il raffole de ces terrains humides. Vient ensuite l'élément le plus spectaculaire de tout le sentier: une passerelle flottante, en bois, de plusieurs centaines de mètres, qui enjambe le marais. Au printemps, on y a une belle vue de la baie; par la suite, elle se transforme en couloir qui serpente dans les roseaux.

Au bout de la passerelle se trouve une tour d'observation de deux étages depuis laquelle on arrive habituellement, surtout au printemps, à repérer, à l'aide de jumelles, quelques-uns des 90 nids de grand héron qui se trouve sur la rive opposée de la baie. Un raccourci permet d'atteindre plus rapidement la tour d'observation et la passerelle: à l'embranchement qui suit le verger, il suffit d'emprunter le sentier de droite, dans le sens contraire des autres promeneurs...

Plus loin dans le parc, on trouve le sentier du calvaire d'Oka, un chemin qui date de 1721, époque où les premiers colons européens – des missionnaires – se sont établis à Oka. De 1740 à 1742, les prêtres et de nouveaux convertis ont aménagé 7 des 14 stations du chemin de la croix le long d'une jolie promenade qui mène au sommet de la montagne du calvaire.

En 1869, la plupart des Amérindiens d'Oka ont changé de confession par suite de disputes territoriales; on a alors décidé de permettre aux Montréalais de faire pèlerinage à cet endroit. La beauté de la rivière et du paysage a eu tôt fait d'attirer les foules. En 1899, 30 000 personnes s'y sont rendues, mais beaucoup ont préféré faire la fête et consommer de l'alcool au pied de la montagne. Le pèlerinage a été annulé dès l'année suivante...

Plus de 250 ans plus tard, les quatre oratoires, fort modestes, et trois minuscules chapelles balisent toujours le sentier. Petits bâtiments de bois, pierre des champs et stuc, les oratoires se dressent à flanc de montagne, au milieu de grands érables, hêtres et bouleaux. Les chapelles sont au sommet, à proximité d'un peuplement de chênes. Il y a des tables à pique-nique au sommet et on y a une vue magnifique; en revanche, les seules toilettes sont au départ des sentiers.

Le sentier du calvaire d'Oka est en terre compactée et s'étend sur 5,5 km. Sauf pour les 30 derniers mètres, il ne présente pas de difficultés. On veillera à se procurer une carte au centre touristique ou au départ des sentiers, car la signalisation est déficiente.

2020, chemin d'Oka
(450) 479-8365

Horaire
Parc: tous les jours: de 8 h à 20 h. Centre touristique: du lun. au ven.: de 9 h à 16 h; la fin de semaine: de 8 h à 18 h. Toilettes du sentier du calvaire d'Oka: accessibles tous les jours: de 8 h à 20 h.

Frais
Gratuit.

Trajet
Autoroute 15 Nord (autoroute des Laurentides), puis autoroute 640 Ouest jusqu'au bout (elle aboutit au parc). Raccourci pour la montagne du Calvaire: tourner à droite au bout de l'autoroute 640 et emprunter la route 344.

27

Parc-nature du
Cap-Saint-Jacques

Situé sur une large péninsule qui s'avance dans le lac des Deux Montagnes, le Cap-Saint-Jacques est le plus grand et le plus éloigné des parcs-nature, et celui qui offre le plus de variété. Ceinturé de plans d'eau, il propose 27 kilomètres de sentiers de randonnée et de pistes de ski, une immense plage, une ferme écologique et même, une base de plein air. C'est le seul parc-nature de l'île sans aucune infrastructure urbaine: ni pylônes, ni voies ferrées, ni autoroutes ne viennent en atténuer le caractère éminemment champêtre.

Cinq grandes aires de pique-nique gazonnées et plusieurs autres plus petites longent les sentiers du bord de l'eau, elles offrent quantité de panoramas enchanteurs, dont le plus beau est l'Embouchure, sur la rive nord du parc. De ce point de vue, ouvert sur le lac, la rivière des Prairies et Oka à l'horizon, on peut à peine distinguer une maison. Chacune des aires est pourvue de toilettes sèches et du nécessaire pour le barbecue. Elles possèdent pour la plupart leur petit stationnement.

La vaste érablière au centre du parc est l'endroit rêvé pour flâner, l'automne, dans les feuilles mortes et pour pratiquer le ski de fond, l'hiver, sur les pistes qui y sont tracées. Elle se caractérise par des sentiers de terre battue et une forêt mixte de feuillus, typique des basses Laurentides.

Un sentier d'interprétation de la nature y est aménagé à l'intention des enfants, mais les panneaux pourraient fournir plus d'informations.

Au cœur de l'érablière se dissimule une pittoresque cabane à sucre. Tous les printemps, les visiteurs s'y rendent en carriole pour voir faire le sirop d'érable et s'adonner à d'autres activités connexes. Les fins de semaine d'hiver, les randonneurs peuvent venir s'y réchauffer et déguster pour pas cher de délicieuses crêpes accompagnées de café.

La ferme écologique, située à la bordure nord du parc, comprend deux étables et une serre ouverte aux visiteurs. Le potager, aménagé suivant de grands arcs, est superbe, et les animaux – chevaux, porcs, vaches, poulets et chèvres, notamment – sont remarquablement bien soignés. Il y a aussi un restaurant qui sert des produits frais de la ferme et une grande aire de pique-nique.

Le Cap-Saint-Jacques est bien connu pour sa plage publique, une grande étendue de fin sable blanc qui donne sur le lac des Deux Montagnes. Les fins de semaine d'été, elle devient un mini Cape Cod (en plus calme puisque les radios y sont interdites). Comme partout ailleurs sur les bords du lac, la profondeur de l'eau n'y dépasse pas 1 m 50. Si ceux qui se rendent au parc par les transports en commun doivent parcourir encore 750 m pour atteindre la plage, les automobilistes disposent maintenant d'un stationnement à proximité.

La base de plein air, village de tentes que des groupes peuvent louer, a sa propre petite plage privée dont profitent chaque année plus de 3 000 enfants et adolescents.

L'hiver, dans le parc, le vent qui balaie le lac peut être glacial. Habillez-vous donc chaudement, même si vous voulez simplement vous promener dans la forêt, car vous aurez d'abord une grande clairière à traverser. Les sentiers du Cap-Saint-Jacques étant pour la plupart interdits aux bicyclettes, les amateurs de vélo se rendront de préférence au Bois-de-l'Île-Bizard (page 76) ou au Bois-de-Liesse (page 86).

20 099, boul. Gouin Ouest (Pierrefonds)
Chalet d'accueil
(514) 280-6871
Ferme écologique
(514) 280-6743
Vieux château (près de la plage)
(514) 620-4025
Réseau des parcs-nature de la CUM
(514) 280-PARC (7272)

Parc-nature du
Bois-de-
l'Île-Bizard

Voici un parc idéal pour le vélo. Ses sentiers de terre battue, ses passerelles et ses promenades de bois traversent champs, forêts et ruisseaux. De diverses largeurs, ils comportent juste assez de descentes et de montées pour être intéressants. Certains vous conduiront loin au cœur d'une forêt claire à la voûte de feuillage élevée, tandis que d'autres vous feront traverser d'agréables sections découvertes avant d'aboutir à la rivière des Prairies.

À l'instar de nos parcs nationaux, ce parc comprend une zone récréative et une zone de conservation. La partie récréative se trouve au nord, près du lac des Deux Montagnes. Dans le secteur de Pointe-aux-Carrières, vous trouverez le plus grand terrain de stationnement, la plage et un tout nouveau chalet d'accueil de style nautique, qui abrite un casse-croûte, des toilettes et un comptoir de renseignements. On peut y louer des kayaks, des canots ou des pédalos, pour explorer les baies les plus calmes, ou des vélos, pour visiter la zone de conservation.

La plage de sable fin est petite mais jamais bondée et, comme l'eau n'y est pas profonde, idéale pour les petits. Chaque semaine, comme pour toutes les plages du lac des Deux Montagnes, l'eau est analysée. Téléphonez d'avance si vous prévoyez vous baigner.

Pour éviter d'attirer les mouettes, la nourriture est interdite sur le sable; mais à l'est de la plage, sur une longue pointe gazonnée qui avance dans le lac, on a récemment aménagé une aire de pique-nique avec des zones ombragées. Le magnifique belvédère en bois, qui surplombe le lac et la plage est idéal pour admirer le coucher du soleil, à condition de ne pas avoir oublié le chasse-moustiques…

76 Escapades en ville! Montréal

La zone de conservation au sud de la route est beaucoup plus vaste que le secteur récréatif. La première partie du sentier est inintéressante, mais si vous persévérez, vous déboucherez rapidement sur un grand marais qu'enjambe une magnifique passerelle en bois. Assez large pour deux vélos côte à côte et même plus, la plus belle et plus longue passerelle de la région décrit une courbe d'un demi-kilomètre au-dessus du marais. Parfois, des canards et d'autres oiseaux d'eau viennent nicher tout près.

À l'extrémité du marais, le sentier pénètre dans une magnifique forêt de cèdres et traverse un deuxième marais, plus petit, avant d'atteindre la partie centrale du parc. Dans le bois clairsemé juste au sud de la promenade, si vous êtes vigilant, vous apercevrez peut-être un merle-bleu à poitrine rouge. Seulement 14 nids ont été recensés à Montréal et le parc est fier d'en abriter quelques-uns. La partie centrale du parc, de forme à peu près triangulaire, est traversée de sentiers fort bien entretenus. La plupart des arbres sont vieux, bien qu'on y voie certains peuplements nettement plus récents.

Un des sentiers les plus intéressants mène aux rapides entre les îles Bizard et de Laval. La rive n'y est pas très belle, mais la force du courant est impressionnante dans cet étroit chenal et on peut souvent voir des embarcations de plaisance qui tentent de le remonter.

On peut aussi accéder au parc par la rue de l'Église, mais le paysage n'y offre guère d'intérêt.

2115, chemin Bord-du-Lac
Chalet d'accueil: (514) 280-8517; réseau des parcs-nature de la CUM: (514) 280-6766.

Horaire
Parc: toute l'année, du lever au coucher du soleil. Chalet d'accueil: du 1er mai au 31 oct.: de 10 h à 17 h (19 h en été). Plage: de la mi-juin à la 3e fin de semaine d'août: de 10 h 30 à 17 h (19 h les fins de semaine).

Frais
Parc: gratuit. Stationnement: 4 $ par jour (pièces de monnaie et cartes Visa ou MasterCard; distributeurs à l'entrée de Pointe-aux-Carrières seulement). Location de vélos (du 1er mai au 31 oct.): 5 $/h, 7 $/2 h, 9 $/3 h, 15 $/6 h. Location de canots, kayaks et pédalos (du 24 juin à la fête du Travail, fins de semaine seulement): 8 $/h, 18 $/3 h, 24 h/6 h.

Trajet
Auto: Autoroute 20 ou 40, sortie du boul. Saint-Jean Nord. Boul. Pierrefonds vers l'ouest, puis boul. Jacques-Bizard vers le nord jusqu'à l'île Bizard. Tourner à gauche à Cherrier et suivre de l'Église vers le nord. Au chemin Bord-du-Lac, tourner à droite. Autobus: station Côte-Vertu (ligne orange). Autobus 144 jusqu'au traversier pour Laval. Prendre le traversier jusqu'à l'île Bizard. Tourner à gauche et marcher 500 m jusqu'à l'entrée ou rouler sur le chemin Bord-du-Lac vers le nord jusqu'au chalet d'accueil.

29

La nature à son plus beau à l'arboretum Morgan de Sainte-Anne-de-Bellevue

Photo: John Watson

À la fin du XIXe siècle, le magnat du commerce James Morgan, propriétaire des magasins à rayons Morgan (les magasins La Baie, aujourd'hui), a fait l'acquisition de 21 lots agricoles à Sainte-Anne-de-Bellevue et à Senneville, à la pointe ouest de l'île. La fin de semaine, parents et amis s'y rendaient en train pour pique-niquer ou faire de l'équitation dans ce superbe domaine de 245 hectares. Aujourd'hui, trains et chevaux ont fait place au plus grand arboretum au Canada, ouvert au public toute l'année.

Depuis que l'université McGill l'a acquis, en 1945 (en fait, l'université ne l'a acheté qu'en partie, la famille Morgan lui ayant fait don du reste), l'arboretum (du latin *arbor*, «arbre») est consacré à la préservation des arbres et arbustes. Il s'agit d'ailleurs de la première ferme forestière enregistrée au Québec (en 1953). Grâce au travail remarquable qu'y font les bénévoles depuis plus de 50 ans, l'arboretum compte maintenant 150 espèces d'arbres et d'arbustes, et plus de 350 variétés d'autres plantes.

L'attrait de l'arboretum réside aussi dans la qualité de l'aménagement. Une promenade dans les larges sentiers soigneusement entretenus vous permet d'admirer 20 collections d'arbres différentes. On passe, par exemple, d'un verger à un champ, puis à une allée bordée de bouleaux. Un endroit tout particulièrement intéressant est la forêt d'épinettes, de cèdres et de genévriers, aménagée dans un ravin. Dans les jardins botaniques, les arbres sont souvent taillés minutieusement; à l'arboretum ils ont un petit air sauvage, comme si on avait décidé de remiser les sécateurs... Fait à noter, bon nombre des espèces sont clairement identifiées.

L'érablière de l'arboretum, qui compte des arbres vieux de 200 ans, est l'une des dernières zones boisées vierges de la région de Montréal; la seule autre à n'avoir jamais subi de coupe se trouve au parc-nature du Bois-de-Liesse.

Pendant la belle saison, il y a toujours un coin en fleurs: les pommiers, les rosiers, les magnolias, les lilas ou les fleurs sauvages des champs. Des tables sont prévues pour les pique-niqueurs au centre de conservation, qui est doté de toilettes et d'un casse-croûte.

Ceux qui veulent faire une visite autoguidée n'ont qu'à se procurer le guide des sentiers. Deux portent sur l'aménagement forestier (un de 1,2 km et un de 1,8 km); on y apprend les principaux facteurs qui influent sur la croissance d'une forêt. Il y a aussi un sentier écologique de 2 km qui permet d'examiner de plus près fougères et microhabitats des zones marécageuses.

L'hiver, l'arboretum offre 20 km de sentiers, dont 7 km de pistes entretenues pour le ski de fond. Le sentier principal est déneigé sur 1,5 km pour la marche.

L'arboretum organise diverses fins de semaine spéciales pendant l'année. À la mi-décembre, le centre de conservation se transforme en boutique l'espace d'une journée; on y vend alors de l'artisanat de la région. L'arboretum vend également des arbres de Noël en décembre.

Au début de mars se tient un festival du printemps proposant des activités pour tous les goûts. Entre autres choses, les célèbres bûcherons Macdonald y donnent un spectacle de scie à main, de sciotte, de hachage et de lancer de hache. L'après-midi, les enfants peuvent prendre part à des compétitions sans danger pour «petits» bûcherons...

Plus tard en mars, il ne faut pas manquer la partie de sucre; outre les produits de l'érable, de la tourtière, des fèves au lard et d'autres mets traditionnels sont servis.

150, chemin des Pins
(514) 398-7812

Horaire
Tous les jours: de 10 h 30 à 16 h, à longueur d'année. Fins de semaine spéciales réservées aux membres en hiver.

Frais
Adultes: 4$; enfants: 2$; moins de 5 ans: gratuit.

Trajet
Autoroute 40 Ouest (route Transcanadienne) jusqu'à la sortie 41 (Sainte-Anne-de-Bellevue). Direction chemin Sainte-Marie. Tourner à gauche au chemin des Pins.

30

Loups et caribous vous attendent
à l'Écomuséum
de Sainte-Anne-de-Bellevue

Photo: Estelle Bolker

L'Écomuséum est un véritable petit éden faunique. Roger Bider, de l'université McGill, en a eu l'idée après avoir visité, en 1965, le Arizona Sierra Museum, où des animaux sauvages sont gardés dans des enclos qui reproduisent leur milieu naturel. Au début des années quatre-vingt, il a commencé à faire transporter de la terre à un ancien site d'enfouissement de l'ouest de l'île. Il n'avait pas sitôt terminé qu'un homme lui amenait deux oursons orphelins. Comment refuser? Il leur a construit un petit logis...

Les ours sont toujours là, mais ils sont aujourd'hui accompagnés de caribous, de loups, de renards arctiques, de ratons laveurs, de mouffettes, de porcs-épics, de coyotes, de loutres, de cerfs, de lynx, de serpents et de tortues, entre autres. L'Écomuséum s'était donné pour objectif de réunir les principales espèces vivant dans la vallée du Saint-Laurent. Mission accomplie: on y trouve plus de 40 espèces dans les milieux aménagés le long de beaux sentiers.

L'Écomuséum est un centre d'observation de la faune et non un jardin zoologique. Son rôle est davantage d'ordre éducatif. Et à mon avis, les zoos auraient avantage à s'en inspirer. La plupart des enclos sont vastes et conçus en tenant compte des besoins des animaux. On y laisse les animaux vivre selon leurs habitudes. Ainsi, en hiver, on ne voit pas les ours parce qu'ils hibernent, pas plus que les porcs-épics et les ratons laveurs, qui ont tendance à se tenir à l'écart. Et on ne fait aucun effort pour les tirer de leur cachette.

L'un des principaux attraits est la volière, dans laquelle on peut circuler à pied parmi les 14 espèces d'oiseaux, aquatiques ou autres, qui évoluent sous un immense filet. Une promenade serpente entre les divers milieux aménagés, dont un marais et un joli petit boisé de sumac et de cèdre. L'enclos des corbeaux et des corneilles constitue aussi une attraction. Ces oiseaux sont vraiment très loquaces et semblent adorer la compagnie des humains.

Il fut une époque où les loups n'étaient pas rares, dans la vallée du Saint-Laurent. L'Écomuséum en possède deux, et ils sont superbes. Le mâle est gros et c'est un loup commun de race pure. La femelle, plus petite, a du sang de loup commun, de loup arctique et de chien.

L'Écomuséum compte également une collection impressionnante d'oiseaux de proie, acquise du centre des rapaces de McGill. Il s'agit d'oiseaux blessés qui ne pourraient survivre dans la nature. La plupart se tiennent sur une cabane qui ressemble à une niche et sont retenus par un câble qui est suffisamment long pour leur permettre d'aller se poser sur un perchoir.

À cause, peut-être, de l'entrée qui ressemble à celle d'un bunker, les gens négligent souvent de visiter l'étang expérimental de pisciculture. Pourtant, il en vaut la peine. On y a une vue à ras du sol de la vie dans un étang. Cependant, à cause des algues, il n'est pas toujours facile d'apercevoir des poissons. L'hiver, elles meurent, l'eau est donc plus claire.

L'Écomuséum organise deux événements spéciaux pendant l'année. La fin de semaine de Pâques, le personnel cache des centaines de pinces à linge que l'on peut échanger contre des œufs en chocolat. La dernière fin de semaine d'octobre, on donne l'occasion à certains visiteurs de rendre leur liberté aux canards blessés qui ont été soignés à l'Écomuséum.

21 125, chemin Sainte-Marie
(514) 457-9449

Horaire

Tous les jours: de 9 h à 17 h, à longueur d'année (fermé à Noël et au jour de l'An).

Frais

Adultes: 4$; enfants de 5 à 12 ans (doivent être accompagnés): 2$; groupes d'élèves de 5 à 12 ans: 4$; moins de 5 ans: gratuit.

Trajet

Autoroute 40 Ouest (route Transcanadienne) jusqu'à la sortie 44 (boul. Morgan). À l'arrêt, tourner à gauche. Suivre le chemin Sainte-Marie vers l'ouest. L'entrée de l'Écomuséum est à droite.

31

Vachement intéressante, la ferme
Macdonald!

Demandez à des enfants qui viennent de la ville si le lait sort chaud ou froid de la vache, et il y a gros à parier que certains vont se tromper! Rien de plus normal, puisque les vaches ne courent pas les rues, à Montréal! Mais on peut en apprendre beaucoup sur elles à la ferme Macdonald de l'université McGill, dans l'ouest de l'île. Elle compte 648 hectares de terres cultivées ainsi que 100 autres hectares de pacage, entre les autoroutes 20 et 40, pour ses vaches laitières, porcs et moutons. On peut aller voir les vaches laitières seul ou en compagnie d'un guide.

Les visites commencent tout juste à côté du bureau d'accueil, par les enclos, semblables à des niches géantes, où les veaux passent leurs premiers mois. Les veaux adorent qu'on les flatte, et si l'un d'eux essaie de vous téter le doigt, n'ayez crainte: ils n'ont pas de dents. Pour qu'elle donne du lait, une vache doit d'abord avoir vêlé; c'est pourquoi il y a toujours des veaux à la ferme. Il n'est d'ailleurs pas rare de pouvoir assister à un vêlage.

Habituellement, une ferme laitière s'en tient à une race de vache, mais la ferme Macdonald compte 60 vaches de 3 races différentes, soit des Holstein, des Ayrshire et des Jersey. Les Holstein sont noir et blanc, et donnent un lait à faible teneur en gras. Les Ayrshire sont brun ou roux et blanc, et à peu près de la même taille que les Holstein; elles produisent moins de lait, mais sont plus résistantes. Enfin, les Jersey sont brunes, un peu plus petites que les Holstein et les Ayrshire, et produisent un lait plus riche en gras. Le lait vendu au supermarché est un mélange du lait produit par ces trois races de vaches.

Bien que l'étiquette qu'elles ont à l'oreille n'indique qu'un numéro et la date de naissance, chaque vache a un nom. Il y a même des vedettes, dont Pépite (la vache 993), qui a «joué» dans un des clips de Carmen Campagne. En dépit de sa célébrité, elle continue de produire quelque 40 litres de lait chaque jour. Par ailleurs, si aucune des vaches n'a de cornes, c'est qu'on les leur coupe quand elles ont environ deux mois.

On trait les vaches trois fois par jour, soit à 4 h 30, 11 h 30 et 19 h 30. Si vous ratez la traite, vous pouvez tout de même suivre les canalisations en acier inoxydable jusqu'au réservoir de 9 000 litres, dans la laiterie. Vous y verrez aussi l'énorme biberon utilisé pour donner le lait aux veaux.

L'enclos où sont gardées les taures (les jeunes vaches) mérite aussi qu'on s'y arrête. Enfin, pour savoir si votre groupe «fait le poids», grimpez sur la balance: une Holstein adulte pèse de 530 kg à 710 kg.

La vieille étable de pierre située de l'autre côté du chemin n'abrite plus d'animaux, mais plutôt une collection d'anciens instruments aratoires. Il n'y a pas d'écriteaux descriptifs et on ne peut pas les examiner de près, mais il est assez facile de comprendre à quoi ils servaient.

Pendant la haute saison (de la mi-mai à septembre), on peut visiter le zoo pour enfants, aménagé dans le bâtiment hexagonal surélevé et situé au bout de la vieille étable. On y trouve des agneaux, des canards, des oies, des poules et même deux lamas.

21 111, chemin Lakeshore.
Sainte-Anne-de-Bellevue
(514) 398-7701
Visites guidées pour les groupes, sur réservation.

Horaire

Bureau d'accueil: du lun. au ven.: de 8 h à 20 h. Visites: tous les jours: de 11 h 30 à 15 h. Visites guidées: du lun. au ven.: de 9 h à 17 h, de la mi-mai à sept.

Frais

Visites: gratuit; visites guidées: 3 $ par personne (groupes d'au moins 10 personnes).

Trajet

Autoroute 40 Ouest (route Transcanadienne) jusqu'à la sortie 41 (Sainte-Anne-de-Bellevue), puis chemin Sainte-Marie; tourner à droite au premier arrêt, puis à gauche au suivant. Franchir le viaduc qui enjambe l'autoroute. Le bureau d'accueil de la ferme est à droite.

32

Se battre contre
des moulins à la
Pointe-du-Moulin
sur l'Île Perrot

Q uand on tourne au boulevard Don-Quichotte, on sait qu'on ne doit pas être loin de la Pointe-du-Moulin... Une fois la jungle de concessionnaires automobiles franchie, on se retrouve sur une jolie route de campagne où l'on ne serait presque pas surpris de rencontrer un chevalier à triste figure... Le parc se trouve à la pointe sud de l'île; il y a des sentiers de marche, deux aires de pique-nique, un poste d'accueil et, bien entendu, le vieux moulin.

Pour entrer au parc, il faut traverser l'un des plus beaux postes d'accueil qui soient. On jurerait que les bâtiments en bardeaux de bois ont été coupés en deux pour permettre l'aménagement du sentier. À l'intérieur, il y a un casse-croûte, des toilettes et un refroidisseur d'eau. Prendre quelques gorgées avant de partir est à conseiller, car l'eau se fait plutôt rare par la suite.

Une petite exposition est consacrée aux anciennes techniques agricoles; les enfants peuvent plonger les mains dans des seaux contenant des grains de blé, d'orge, d'avoine et de sarrasin.

Un modèle réduit des organes mécaniques du moulin occupe l'une des pièces. Les enfants aimeront y verser des sacs de sable imitant les poches de grain; un employé actionne alors le moulin, et il en sort de la «farine».... Les enfants peuvent aussi s'amuser à passer du grain au crible.

En marchant un peu dans la jolie forêt (on peut aussi emprunter un sentier le long duquel des panneaux décrivent les principaux animaux et plantes du coin), on arrive à la maison du meunier. Elle en vaut le détour, surtout le dimanche après-midi, alors qu'on y cuit le pain à l'ancienne, au four à bois. On peut même s'en faire donner un morceau.

Le moulin à vent, qui date de 1708, est juste à côté. Outre celui de l'île aux Coudres, près de Québec, c'est le seul moulin à vent opérationnel au Québec. Vu son âge, ses ailes sont fragiles, et on ne le fait tourner que les dimanches où les conditions sont idéales.

Qu'il tourne ou non, le moulin demeure un ouvrage remarquable. Le toit repose sur une armature en bois qui pèse 5 tonnes, mais que l'on peut faire pivoter de manière que les ailes soient au vent. Comme dans la plupart des moulins à vent, il y a deux portes: le meunier pouvait y entrer, quelle que soit l'orientation des ailes. À noter que lorsqu'un meunier oubliait malencontreusement de sortir par la bonne porte et se faisait happer par les ailes, on disait d'un moulin qu'il devenait un moulin rouge...

On remarquera aussi les trous rectangulaires pratiqués dans les murs du moulin, à environ deux mètres du sol. Contrairement à ce qu'il y paraît, il ne s'agit pas d'ouvertures laissées par des briques ou des poutres qu'on a enlevées, mais bien de meurtrières... Des meurtrières? Cela peut sembler étrange pour un moulin à vent, mais il faut comprendre que celui-ci a un passé un peu particulier. C'est que, selon la légende, le seigneur Perrot n'y faisait pas moudre beaucoup de grain, préférant plutôt se consacrer au trafic illégal de fourrure. Il ne répugnait pas, à ce qu'on dit, à faire arrêter au moulin – par des pots-de-vin ou... par la force – les canoteurs qui se dirigeaient vers Montréal. Il s'est ainsi fait bien des ennemis, ce qui a mené à la construction de ce qui pourrait bien être le seul moulin-forteresse au monde. C'est Don Quichotte qui aurait aimé!

2500, boul. Don-Quichotte
(514) 453-5936
Horaire
Tous les jours: de 9 h à 18 h, de la mi-mai à août. La fin de semaine et les jours fériés: de midi à 18 h, de sept. à l'Action de grâces.
Frais
Gratuit.
Trajet
Autoroute 20 Ouest jusqu'à l'île Perrot. Une fois sur l'île, emprunter le boulevard Don-Quichotte Sud et le suivre jusqu'au bout.

Champs, ruisseau et forêt de bois franc au parc-nature du
Bois-de-Liesse

L es noms de Pierrefonds, Saint-Laurent et Dollard-des-Ormeaux n'évoquent pas de prime abord l'image d'une forêt profonde. Mais si vous prenez le temps d'explorer le parc-nature du Bois-de-Liesse, qui chevauche ces trois munici-palités, vous y trouverez non seulement l'un des bois les plus profonds et les plus verts de Montréal, mais aussi des champs, des marais et l'un des derniers ruisseaux de surface de l'île, sans compter des sentiers de marche et des pistes cyclables, deux chalets d'accueil et quelques aires de pique-nique.

Ce parc s'étend sur 159 hectares, soit à peu près la superficie du mont Royal. Comme les autres parcs-nature de la CUM, il est très bien géré et ses pistes et sentiers sont parfaitement entretenus. En été, il compte 8 km de pistes cyclables et 12 km de sentiers de marche (dont certains sont aussi ouverts aux cyclistes), répartis dans 3 secteurs reliés entre eux, bien que chacun soit doté de son propre stationnement: les Champs, la Péninsule et les Bois francs.

L'entrée la plus fréquemment empruntée est celle du boulevard Gouin, à l'est de l'autoroute 13. Le pavillon des visiteurs, la maison Pitfield, abrite un casse-croûte, des installations sanitaires et quelques pièces d'exposition.

Prenez un plan du parc — à moins que de vous perdre vous importe peu — ou louez un vélo.

Le principal sentier du secteur de la Péninsule suit les méandres du ruisseau Bertrand jusqu'à la rivière des Prairies. Ce cours d'eau d'aspect bourbeux est l'un des derniers ruisseaux de surface de l'île. Il s'élargit en deux endroits et ses rives s'ornent de plusieurs beaux belvédères. De celui qui s'avance au-dessus de l'eau, vous apercevrez presque certainement canards, hérons et cabanes de castor.

De larges pistes cyclables et des sentiers de marche bordés de pierres sillonnent les Champs, au sud du boulevard Gouin, à partir de la maison Pitfield. Certains terrains sont cultivés et d'autres laissés à l'état sauvage, de sorte qu'on y trouve en saison quantité de papillons, d'oiseaux et de fleurs des champs. Le pavillon des visiteurs est un drôle de bâtiment moderne, à moitié enfoui dans une petite colline artificielle. Situé au centre d'une grande aire de pique-nique, il abrite un comptoir d'information et des tables.

Des trois secteurs, celui des Bois francs est le plus grand et le plus impressionnant. Choisissez-le de préférence si vous manquez de temps ou d'énergie pour tout voir. Si le début du parcours à partir du stationnement des Champs vous semble manquer d'intérêt, tenez bon. Vous atteindrez rapidement une magnifique forêt d'érables et de hêtres.

Un large sentier se fraye un chemin à travers un terrain vallonné, tapissé de fougères. Certains arbres, dont de rares spécimens de l'érable noir, sont plus que centenaires. Au printemps, des milliers de trilles illuminent le tapis forestier de leur blancheur immaculée. Quand les arbres sont en feuilles, les rayons du soleil qui pénètrent à travers la forêt la teintent de vert émeraude.

Quelques sentiers s'écartent de la voie principale. L'un d'eux suit une voie ferrée le long d'une zone marécageuse où croissent de grands roseaux. Un autre — très joli — prend la forme d'une passerelle japonaise surplombant la partie la plus humide du tapis forestier. Dans le coin le plus dense de la forêt, le sol détrempé dégage une puissante odeur de bois.

Remarque: Au printemps et en été, n'oubliez pas le chasse-moustiques – le parc est aussi célèbre pour ses « petits insectes » !

9432, boul. Gouin Ouest
Maison Pitfield (location de vélos)
(514) 280-6729
Chalet d'accueil des Champs
(514) 280-6678
Maison de la Découverte
(514) 280-6829
Réseau des parcs-nature de la CUM
(514) 280-PARC (7272)

Le musée du lieu historique national du Commerce-de-la-fourrure-à-Lachine

En Europe, la mode a été au chapeau – et plus spécialement au chapeau de feutre – pendant 300 ans. Ce phénomène explique le déclin des populations européennes d'animaux à fourrure aux XIIᵉ, XIIIᵉ et XIXᵉ siècles, et pourquoi les Français, après l'avoir colonisé, firent du Canada leur principale source d'approvisionnement en fourrure.

Pourquoi ont-ils arrêté leur choix sur le castor? Parce que sa fourrure est très épaisse, en raison de la rigueur de nos hivers, et qu'elle se transforme aisément en feutre; on utilise pour cela le poil duveteux qui pousse à la surface de la peau du castor. Quand on l'examine au microscope, on constate qu'il est très dentelé. C'est pourquoi, quand on le presse à la vapeur, le poil de castor fait du si bon feutre.

Le seul vestige du commerce de la fourrure, à Montréal, c'est un petit bâtiment de pierre des champs au bord du canal Lachine. Il fut construit par un commis de la North West Company en 1803; à l'époque, quelque 80 % des pelleteries étaient stockées dans de tels entrepôts. S'il existe encore, c'est grâce aux sœurs grises, qui y ont élu domicile pendant longtemps. Il a été transformé en musée en 1984.

On sait combien le commerce de la fourrure a été lucratif, et à quel point il a miné le mode de vie traditionnel des Amérindiens. Mais on ne saurait l'aborder sans parler des voyageurs, ces jeunes hommes de Sorel, Trois-Rivières et d'ailleurs, qui allaient à la rencontre des Amérindiens pour échanger marchandises contre pelleteries. En 1777, 2 500 voyageurs étaient inscrits à Montréal et à Detroit. Et il y en avait probablement autant qui exerçaient leurs activités ailleurs sur le continent.

Les voyageurs se déplaçaient en canot d'écorce (l'un d'entre eux est accroché au plafond du musée). Ce gros canot pouvait accueillir 10 hommes et 60 ballots de pelleteries, soit une charge totale de 1 500 kg. Sa charpente était de cèdre; ses amarres, de racines de pin; et son revêtement, d'écorce enduite de sève de pin. C'était une embarcation fragile, mais si on devait la réparer, les matériaux étaient à portée de la main...

Les voyageurs jouissaient de beaucoup de considération et étaient bien payés (trois fois plus que les ouvriers agricoles); mais le travail était dur. Ils pagayaient de 16 à 18 heures chaque jour, à raison de 60 coups à la minute, et ne s'arrêtaient guère plus de 5 minutes chaque heure pour fumer la pipe.

Le musée retrace l'origine de la ceinture fléchée que portaient les pionniers français. Quand ils faisaient du portage, les hommes transportaient chacun deux ballots de pelleteries, soit une charge de 81 kg. Ce n'est pas peu dire quand on considère qu'à l'époque, le voyageur moyen ne pesait guère plus de 63 kg et mesurait tout au plus 1,78 m. C'est pourquoi ils portaient la ceinture fléchée: elle leur fournissait du soutien, un peu comme la ceinture des haltérophiles. (Les deux principales causes de décès des voyageurs étaient la noyade et... les hernies.)

Le musée n'offre pas de visites guidées, mais le personnel se fait un plaisir de répondre à vos questions. Au nombre des outils utilisés pour faire l'historique du commerce de la fourrure, on trouve une carte sur laquelle des points lumineux indiquent l'emplacement des centaines de postes de traite; on peut aussi se peser et se mesurer, histoire de vérifier si on aurait fait le poids. Du 24 juin à la fête du Travail, des visites à pied du canal sont organisées lorsque le temps le permet. On y apprend notamment comment sont fabriqués les chapeaux de feutre. Enfin, le terrain du musée est un endroit idéal pour pique-niquer.

1255, rue Saint-Joseph
(514) 637-7433

Horaire

Du 1er déc. à la fin mars et du 1er avril à la mi-oct.: tous les jours: de 10 h à 12 h 30 et de 13 h à 18 h; de la mi-oct. à la fin nov.: du mer. au dim.: de 9 h 30 à 12 h 30 et de 13 h à 17 h; fermé le lun. avant-midi.

Frais

Adultes: 2,50 $; étudiants et enfants de 6 à 16 ans: 1,25 $; familles: 6,25 $.

Trajet

Station Angrignon (ligne verte); autobus 195 jusqu'à intersection Saint-Louis et 12e Avenue; 12e Avenue vers le sud jusqu'au pâté suivant.

Laval

❂ Seconde ville en importance au Québec, Laval occupe aussi la deuxième plus grande île du Saint-Laurent, l'île Jésus, à peine plus petite que Montréal, mais beaucoup moins urbanisée. Environ un tiers de l'île est réservé à l'agriculture et, fait assez surprenant, Laval se révèle être le plus important producteur de maïs et de fleurs coupées de la province.

❂ Le parc l'Orée-des-Bois étant pratiquement inaltéré, on a l'impression d'être vraiment loin de la ville. En fait, vous risquez de vous retrouver tout fin seuls sur ses sentiers et ses promenades en bois au bord de la rivière. Plus central, le boisé Papineau est une autre oasis de verdure dont vous pourriez bien

profiter en solitaire. ✪ Le
Centre de la nature de Laval a
des airs plus civilisés. Il ressemble assez au Parc du Mont-
Royal près du lac des Castors.
Une grange, une serre et des
cerfs de Virginie complètent le
décor. ✪ Côté sciences, Laval
possède deux attractions dignes
d'intérêt. Ultramoderne comme

il se doit, le Cosmodôme met l'accent sur l'exploration spatiale et les télécommunications. Sur la rive
nord de Laval, un petit musée très particulier est
dédié à l'un des chercheurs les plus renommés du
Québec, le docteur Armand Frappier, et à sa lutte
contre la tuberculose. ✪ Le Parc de la rivière des
Mille-Îles demeure ce que Laval offre de mieux. C'est
un espace vert merveilleux, avec un petit si: si vous
voulez vous promener sur ses nombreux sentiers
forestiers, vous devez d'abord donner quelques coups
d'aviron! Comptant une trentaine d'îles, c'est un
endroit hors pair pour les aventures en canot.

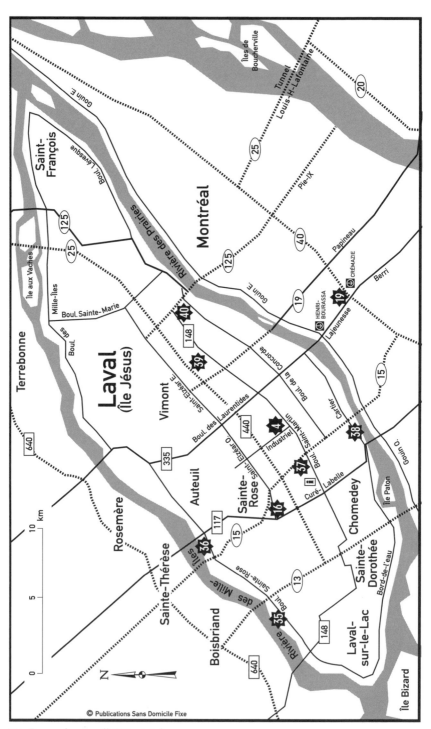

DESTINATIONS

35. Parc de l'Orée-des-Bois
37ᵉ Avenue et rivière des Mille-Îles
(450) 978-8904
p. 94

36. Parc de la rivière des Mille-Îles
345, boul. Sainte-Rose
(450) 622-1020
p. 96

37. Cosmodôme
2150, autoroute 15 (autoroute des
Laurentides)
(450) 978-3600
p. 98

38. Musée Armand-Frappier
531, boul. des Prairies
(450) 686-5641
p. 100

39. Boisé Papineau
3235, boul. Saint-Martin Est
(450) 662-7610 ou (450) 662-4901
p. 102

40. Centre de la nature de Laval
901, ave Parc
(450) 662-4942
p. 104

4. F1 Indoor Karting
1755, boul. Fortin
(450) 829-2121
p. 18

16. Action Directe
4377, boul. Saint-Elzéar Ouest
(450) 688-0515
p. 42

INFORMATION TOURISTIQUE

Bureau de tourisme de Laval
2900, boul. Saint-Martin Ouest
(450) 682-5522, 1 800 463-3765

**Bureau municipal des loisirs
(Fabreville)**
(450) 978-8904
Bureau municipal des loisirs
(Duvernay)
(450) 662-4901

Société de transport de Laval
(450) 688-6520

Traversier Laval–Île-Bizard
(450) 627-2526

35

Promenade
au bord de la rivière, au parc de l'Orée-des-bois

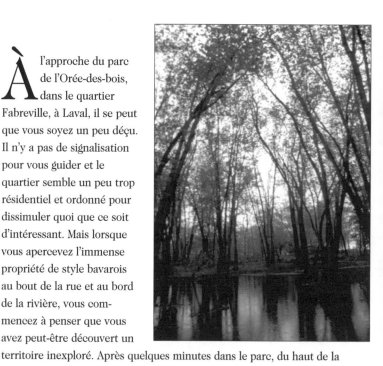

À l'approche du parc de l'Orée-des-bois, dans le quartier Fabreville, à Laval, il se peut que vous soyez un peu déçu. Il n'y a pas de signalisation pour vous guider et le quartier semble un peu trop résidentiel et ordonné pour dissimuler quoi que ce soit d'intéressant. Mais lorsque vous apercevez l'immense propriété de style bavarois au bout de la rue et au bord de la rivière, vous commencez à penser que vous avez peut-être découvert un territoire inexploré. Après quelques minutes dans le parc, du haut de la première passerelle qui surplombe la rivière des Mille-Îles, vous arrivez à une conclusion: c'est encore une réussite de Laval! Le parc de l'Orée-des-bois est un magnifique petit parc qui offre un cadre authentiquement naturel comme il est rare d'en trouver si près de la ville.

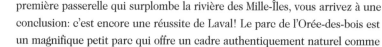

On accède au parc par l'école secondaire du même nom, qui le borde au sud, ou près d'une rampe de mise à l'eau où quelques autos peuvent stationner.

Si vous optez pour ce dernier point d'accès, vous aurez le plaisir d'admirer une propriété qui semble sortie tout droit d'un conte de fées allemand.

Bien qu'il s'agisse en fait de la résidence d'un Français arrivé ici il y a 30 ans, le bâtiment principal et les grandes dépendances sont de styles normand et alsacien, et arborent des poutres peintes ainsi que des murs recouverts de crépi blanc. Outre une petite pommeraie et un lilas, on remarque de nombreux éléments de décoration, dont une girouette traditionnelle en forme de coq.

Il y a de fortes chances pour que vous soyez seul à parcourir les sentiers de terre battue et les promenades de bois de ce parc de huit hectares, où vous ne trouverez qu'une seule table de pique-nique, mais ni chalet d'accueil ni toilettes. On dirait un endroit réservé aux seuls initiés. Malgré l'absence de surveillance, il est extrêmement propre, car les résidants de même que les élèves de l'école ont manifestement beaucoup de respect pour le trésor que recèle leur quartier.

Il n'y a ni carte ni signalisation, mais vous n'en aurez vraisemblablement pas besoin pour parcourir les sentiers faciles qui font à peine 1,5 km: une grande boucle près de la rivière, que croisent quelques sentiers plus courts; et quelques pistes qui vont de la rivière à l'arrière de l'école. Tous sont dignes d'intérêt, mais il vous arrivera sans doute de revenir sur vos pas, car il est facile de s'égarer et de se retrouver dans un sentier «privé» qui débouche sur une cour. Si vous suivez jusqu'au bout le sentier qui mène au bord de l'eau, vous aurez un beau point de vue sur la rivière.

Près de la rivière, les terres sont basses et donc en partie humides (mais non marécageuses) ou inondées au printemps. De grands érables argentés poussent sur la rive, tandis que des fougères de toutes sortes peuplent l'intérieur des terres. Des ponts et des promenades de bois vous permettront de garder les pieds secs.

Au-delà des terres humides, il y a un groupe d'érables et de hêtres assez vieux, mais le sous-bois est dégagé. Au printemps, il est tapissé de trilles de toutes sortes: blancs, rose et blanc et, plus rarement, tout roses. Plus haut, vous trouverez des violettes pourpres, blanches et jaunes. Soyez prévenu que plus tard en saison, vous ne pourrez vous passer de chasse-moustiques.

Au bout de la 37e Avenue (rivière des Mille-Îles).

Bureau municipal des Loisirs (Fabreville): (450) 978-8904

Horaire

De la mi-avr. à sept.: de 7 h à 22 h; d'oct. à la mi-avr.: de 7 h à 19 h.

Frais

Gratuit.

Trajet

Station Henri-Bourassa (ligne orange). Autobus 72 jusqu'à l'intersection du boulevard Sainte-Rose et de la 37e Avenue. Marcher vers le nord jusqu'à l'entrée.

36

Rêver au fil de l'eau au Parc régional de la rivière des
Mille-Îles

Montréal est si vaste qu'on peut facilement oublier qu'elle est une île. En fait, il y a environ 250 îles dans les eaux qui entourent Montréal et l'île Jésus (Laval), et rien que dans l'étroite bande entre la rive nord de Laval et les villes de Boisbriand et de Rosemère, on trouve un archipel d'une trentaine d'îles. Grâce au Parc régional des Mille-Îles, ce trésor est désormais adéquatement protégé et 10 km de rivière s'offrent à votre plaisir, si pagayer ne vous embête pas trop!

Pour en profiter, une variété d'embarcations est à votre disposition: trois ou quatre types de kayaks, des canots, des chaloupes et des pédalos. Tout ce qu'il faut pour aller vous amuser sur les «canaux intérieurs». Vous venez en groupe? Louer un canot rabaska de 20 places, construit selon le modèle de celui qu'utilisaient les explorateurs, est alors une option très intéressante.

Un joli dépliant de style ancien propose quatre visites autoguidés. Les îles, leurs points saillants et les points de débarquement sont clairement indiqués, tant sur la carte que sur les panneaux correspondants sur la rivière. Vous pouvez débarquer sur 10 îles, qui comptent environ 10 km de sentiers pédestres. Et pas besoin d'être un athlète, car il n'y a pas de courant.

La Tournée du grand duc (4,8 km) est la randonnée la plus courte et la plus populaire: on peut la boucler en deux heures en prenant son temps. Toute proche, l'île Kennedy est le premier arrêt (10 minutes de pagayage suffisent pour s'y rendre). On y trouve une demi-douzaine de tables de pique-nique, des toilettes sèches et de l'eau (apportez votre tasse).

Quelques minutes plus tard, on atteint l'étroit passage entre l'île aux

Fraises et l'île des Juifs. Vous êtes assurés de voir un ou deux castors par ici. De plus, un panneau indique le tombeau marin d'une barge qui coula à seulement quelques centimètres sous la surface.

L'île des Juifs est la plus vaste des îles du parc. En empruntant le sentier qui longe son pourtour, on croisera des chênes rouges, des cèdres blancs, des ostryers de Virginie, des érables argentés qui adorent avoir les pieds mouillés et d'énormes conifères (dont deux ont plus de cent ans). Soyez à l'affût de la couronne rouge du grand pic bois. Il y a aussi une cabane abandonnée sur l'île.

Le Bout du monde est une randonnée plus longue (9,5 km) mais moins intéressante, car son tracé longe des îles densément peuplées, près de Rosemère, où les belles maisons sont plus rares. Néanmoins, le Centre nature de Boisbriand, le point de retour, semble un endroit agréable où pique-niquer et l'on trouve quelques marais le long du parcours.

Le Repaire du Diable est un bijou. On passe sous l'autoroute 15 et à travers un large canal, avant d'arriver à un grand marais qui ouvre sur une large baie. La tourelle d'observation de deux étages ancrée ici est un endroit idéal pour pique-niquer ou se reposer. La randonnée Histoire perdue vous mène en aval vers les rives de Rosemère, puis le retour se fait par un étroit canal qui traverse un pan de forêt immergé.

Le parc offre également des visites guidées dans un canot rabaska de 30 places, avec guide en costume d'époque. Et si vous préférez ne pas pagayer, vous pouvez visiter toutes les îles en bateau (2 heures). Départ de la marina Venice située tout près.

Conseils: Utilisez une crème solaire et un chasse-moustiques, portez un chapeau et prévoyez de quoi boire beaucoup. Les gants de jardinage sont pratiques, car pagayer peut être salissant.

345, boul. Sainte-Rose (quatre quadrilatères à l'est de l'autoroute 15) (450) 622-1020

Horaire

Parc: mi-mai, juin et sept.: de 9 h à 18 h.; juil. et août: de 9 h à 22 h. Dernière location une heure avant la fermeture. Visites guidées en rabaska: sam. et dim. à 13 h et 15 h 30. Visites en bateau à partir de la marina: du lun. au dim. à 10 h, 14 h et 18 h 30.

Frais

Accès au parc: gratuit. Canot: 8 \$/h; kayak: 7 \$/h; kayak biplace: 12 \$/h; pédalo ou chaloupe: 9 \$/h; rabaska: 20 \$/h (tarifs à la journée ou à la semaine disponibles). Carte d'identité avec photo requise. Visites guidées en rabaska: adultes: 10 \$; enfants de 12 ans et moins: 6 \$; en bateau: adultes: 17 \$; étudiants et personnes âgées: 14 \$; groupe de 6 à 12 personnes: 9 \$ p. p.; familles: 40 \$.

Trajet

Station Henri-Bourassa (ligne orange). Autobus 72 de la Société de transport de Laval jusqu'à l'entrée du parc.

37

Au-delà de l'infini au
Cosmodôme

Photo: Bureau de tourisme de Laval

Franchir les portes coulissantes du Cosmodôme, à Laval, c'est franchir les frontières du temps et de l'espace. L'éclairage y est voilé, comme on imagine qu'il l'est dans les stations spatiales, et les guides vous accueillent en combinaisons bleues, style NASA.

Le Cosmodôme est consacré exclusivement à l'histoire de l'aérospatiale, des télécommunications et de l'informatique. Le Cosmodôme, c'est un centre scientifique, une salle de jeux vidéo et un parc d'attractions tout à la fois.

On y trouve de superbes maquettes de missiles et de fusées – dont une reproduction grandeur nature du spoutnik – ainsi que de sites historiques voués à des cultes liés à l'astronomie, tels que Stonehenge et les temples mayas.

À un autre endroit, il y a une maquette du système solaire comprenant une immense demi-sphère lumineuse représentant le Soleil. Les planètes y sont reproduites à l'échelle; chacune est entourée d'un petit bassin montrant à quoi ressemblerait sa surface: des fougères dans le cas de la Terre, un sol carbonisé par l'acide sulfurique pour Vénus. Dans les bassins de Jupiter, Saturne, Uranus et Neptune, des cristaux de glace sèche flottent...

La grosseur des planètes est à l'échelle, mais pas la distance qui les sépare: en effet, en supposant que Montréal soit le Soleil, il aurait fallu placer la Terre et Mars près d'Ottawa, Pluton à Vancouver et Uranus dans la région de Winnipeg! Un écran vidéo décrit chaque planète et présente la simulation informatique d'un voyage à sa surface.

Le son ne voyage pas dans le vide: pour vous en convaincre, on a placé une cloche dans une enceinte en verre. Si on appuie sur un bouton, l'air est évacué de l'enceinte et la sonnerie finit par s'éteindre.

Un autre montage est consacré aux communications par satellite. On peut, grâce à un système ingénieux, parler à une personne qui se trouve loin de soi: une antenne parabolique transmet le son par voie aérienne à une autre antenne parabolique faisant office de satellite. Le son est acheminé par fil à une troisième antenne, puis par voie aérienne à une quatrième antenne qui reçoit le «signal».

On s'en voudra de rater le formidable spectacle multimédia *La route des étoiles*; des films, des diapositives et des hologrammes sont projetés sur 360° au moyen de 3 500 fibres optiques. Le spectacle est instructif, divertissant et tout simplement épatant sur le plan technique. Les projections holographiques sont d'un tel réalisme que l'on a vraiment l'impression d'assister à l'incendie de la bibliothèque d'Alexandrie. Une autre scène nous montre des pommes qui flottent autour de Newton, telles des planètes... Pour ajouter à l'illusion, le théâtre circulaire s'incline, tourne, monte et descend, et les décors sont de parfaits trompe-l'œil.

Il y a aussi un camp spatial que l'on ouvre au public à diverses reprises pendant l'année. On peut y faire l'essai de sept simulateurs de voyages dans l'espace. L'un deux ressemble à une immense essoreuse à laitue. Il y a aussi le mur spatial, moins mouvementé, où, tandis que l'on est attaché à une chaise reproduisant l'apesanteur, on doit essayer d'ouvrir des portes et de dévisser des écrous.

La fusée qui se trouve à l'extérieur du Cosmodôme est une réplique 3/4 d'Ariane IV, le lanceur de satellites européen qui a pris son envol pour la première fois en 1988. Les fusées Ariane ont mis en orbite plusieurs satellites canadiens, dont Anik E2 en 1991. La réplique, qui mesure 46 m, est aussi haute qu'un immeuble de 15 étages.

2150, autoroute des Laurentides (Autoroute 15)
(514) 978-3600

Horaire
Du mar. au dim.: de 9 h à 17 h, à longueur d'année.

Frais
Adultes: 9,50$; étudiants: 7,50$; aînés et jeunes de 13 à 22 ans: 6,50$; enfants de 6 à 12 ans: 6,50$.

Trajet
Autoroute 15 Nord (autoroute des Laurentides) jusqu'à la sortie 9 (boul. Saint-Martin Ouest). Suivre les indications (le Cosmodôme est à 3 km).

38

Le musée de l'institut
Armand-Frappier

C'est une ancienne maison de brique de deux étages, construite sur les berges de la rivière des Prairies à Laval. Une modeste demeure avec de jolies fleurs dans des pots suspendus et un portique de bois soigneusement balayé. À l'intérieur, un tout petit musée dédié à Armand Frappier, le médecin qui, durant 30 ans, fabriqua quelque 6 millions de vaccins contre la tuberculose et les distribua à travers le Québec.

Maladie cruelle et très contagieuse, la tuberculose crée sur les os, les jointures ou dans les poumons des excroissances noueuses, les tubercules. Des lésions tuberculeuses ont été découvertes sur les os de squelettes vieux de 5 000 ans. Heureusement, les cas de tuberculose sont devenus rarissimes de nos jours dans les pays développés (quoiqu'une recrudescence ait récemment été constatée).

Saignées, repos au lit et même toucher de la main d'un roi ou d'une reine... Avant l'apparition des antibiotiques, les traitements étaient aussi variés que peu efficaces. Dans l'Europe du XVIIe siècle, une mort sur quatre était attribuable à la tuberculose et les scientifiques n'avaient alors d'autre moyen de combattre le fléau que des mesures préventives.

Les personnes ayant un vif intérêt pour la recherche ou l'histoire médicale apprécieront encore davantage ce musée consacré à Frappier et à la maladie qu'il s'était promis d'éradiquer. Il donne un visage humain à la science en faisant de 50 ans de lutte contre la tuberculose au Canada l'histoire d'une vie.

Né en 1904 au sein d'une famille modeste, Frappier vit sa mère mourir de tuberculose quand il avait 19 ans. Le Dr Télésphore Parizeau, l'un de ses professeurs à l'Université de Montréal (et grand-père de l'ancien premier ministre du Québec), lui obtint une bourse qui lui permit d'étudier aux États-Unis. De là, il s'embarqua pour Paris où il apprit les secrets de la vaccination.

Un vaccin est la forme «bénigne» d'un bacille, qui produit une réponse immunitaire dans un hôte sans qu'apparaissent les symptômes de la maladie, ce qui lui permettra de combattre les agents de la maladie elle-même. Le premier vaccin, celui-là contre de la variole, fut utilisé avec succès sur les humains dès les années 1880.

Réussir à déjouer la tuberculose fut une tout autre affaire. Il fallut 13 ans à 2 scientifiques français, Calmette et Guérin, pour transformer le bacille de la tuberculose bovine en une forme propre à la vaccination humaine. C'est ce vaccin que Frappier cultiva et distribua chez nous.

Le rez-de-chaussée de la maison est presque un reliquaire à la mémoire de Frappier. Une vitrine nous laisse voir sa médaille de l'Ordre du Canada à côté d'un plantoir (il était passionné de jardinage). Une autre contient des notes qu'il avait prises dans le laboratoire qu'il avait installé chez lui.

À l'étage, de l'équipement scientifique et de grands panneaux explicatifs nous rappellent la longue histoire de la tuberculose et expliquent le processus de la création d'un vaccin. Trois microscopes de différentes époques permettent de comprendre comment les progrès en optique permirent aux scientifiques de pouvoir enfin observer le bacille de la tuberculose.

Le premier ministre Wilfrid Laurier, atteint d'une forme chronique non fatale, et le docteur Norman Bethune sont deux personnalités canadiennes ayant souffert de cette maladie.

Malgré les vaccinations et les traitements modernes, l'histoire de la tuberculose est loin d'être terminée. On estime à 30 millions le nombre des personnes aujourd'hui atteintes de cette maladie à travers le monde, à ce nombre s'ajoutent les 8 millions de nouveaux cas qui apparaissent chaque année. L'à-propos de ce petit musée pourrait bien ne pas être démenti pendant plusieurs années encore.

53, boul. des Prairies
(450) 686-5641
Visites guidées sur réservation pour les groupes de 10 personnes et plus.

Horaire
De sept. à juin: du lun. au ven.: de 9 h à 17 h; juil. et août: tous les jours, de 10 h à 17 h.

Frais
Adultes: 5 $; étudiants et jeunes: 2,50 $.

Trajet
Station Henri-Bourassa (ligne orange). Autobus 20 ou 20A jusqu'à la porte du musée, situé en face de l'institut Armand-Frappier.

La forêt ancienne du
boisé Papineau

Sauvée du développement immobilier par un groupe environnementaliste en 1986, le boisé Papineau est une surprise très agréable, au cœur même de cette banlieue qu'est Laval. Riche en beautés naturelles, c'est l'une des dernières forêts anciennes de l'île Jésus. Traversée par des sentiers de terre compactée et bien entretenus, la forêt d'érables et de hêtres de 15 hectares longe marais et étangs. Y coulent deux ruisseaux qui charment surtout des groupes d'écoliers au printemps et des skieurs de fond en hiver, attirés qu'ils sont par l'aspect sauvage du terrain quelque peu accidenté, son aménagement minimal et ses sentiers faciles.

La carte, disponible au centre communautaire situé à l'entrée du parc, peut être utile, malgré quelques inexactitudes quant à la morphologie du terrain et au tracé des sentiers. Un des attraits majeurs, un grand étang jonché de quenouilles, n'est pas indiqué, bien qu'il vaille vraiment la peine d'être découvert. On peut le traverser en marchant sur de larges pierres plates, pour rejoindre un sentier sans issue sur l'abrupte, quoique petite, colline de l'autre côté.

De nombreux sentiers sillonnaient le boisé à une certaine époque, mais plusieurs d'entre eux furent fermés par les gestionnaires du parc, question de reboisement. Il est donc difficile de se perdre sur les 3,5 km restant, en dépit de l'imprécision de la carte et de l'absence complète de signalisation. Le parc est bordé par l'autoroute 19 à l'ouest, par l'autoroute 440 au nord et à l'est par des lignes hydroélectriques. Une voie ferrée le sépare en deux.

À une centaine de mètres dans le boisé, le sentier principal bifurque. La branche droite mène à un marais près de la voie ferrée, où elle finit en impasse près de l'un des ruisseaux. (Il n'y a pas de sentier le long de l'autre ruisseau, de l'autre côté de la voie.)

La branche gauche est plus intéressante. Rapidement, le sentier s'ouvre sur une jonction en T. Surplombant la clairière, deux hêtres, la centaine bien sonnée, ont cicatrisé là où l'on avait gravé des initiales sur l'écorce (les blessures d'un hêtre grossissent en proportion de la croissance de l'arbre). En empruntant les larges marches sablonneuses vers le bas de la côte, à droite, on croisera l'autre branche du sentier. Pour se rendre à l'étang aux pierres, il faut continuer le long du sentier principal et prendre la première branche à gauche (attention, la seconde mène à un développement immobilier).

La plus grande portion du parc est située de l'autre côté de la voie ferrée, à l'entrée. Pour l'instant, il faut traverser des marais et grimper le talus de la voie ferrée pour y accéder, ou encore traverser un ruisseau et un canal. On prévoit heureusement construire un pont d'ici l'été, car cette section deviendra sûrement la plus intéressante du parc.

Le boisé Papineau est très fréquenté au printemps, au moment de l'éclosion des trilles qui tapissent la forêt; et à l'automne, quand les feuilles d'érable et de hêtre changent de couleur. En hiver, les skieurs de fond utilisent de nombreuses pistes additionnelles et une salle de fartage est installée dans le centre communautaire.

Les seules toilettes sont celles du centre communautaire et il n'y a pas d'aire de pique-nique dans le parc même, bien qu'on trouve une demi-douzaine de tables derrière le centre communautaire. Les chiens sont bienvenus, mais doivent être tenus en laisse. Si vous venez l'été, enduisez-vous de chasse-moustiques en quantité, car les maringouins sont voraces.

3235, boul. Saint-Martin Est
Centre communautaire: (450) 662-7610
Département des loisirs de Laval
(Duvernay): (450) 662-4901

Horaire

Parc: du lever au coucher de soleil.
Centre communautaire: du lun. au ven.: de 8 h à 22 h 30; le sam.: de 8 h à 17 h.

Frais

Aucun.

Trajet

Station Henri-Bourassa (ligne orange). Prendre l'autobus 31, 60, ou 72 jusqu'à l'intersection des boulevards Saint-Martin et des Laurentides. Puis l'autobus 50 vers l'est, jusqu'à l'entrée du parc.

Du **plaisir** en toute saison au Centre de la **nature** de Laval

Difficile d'imaginer que tant de Montréalais ignorent l'existence du Centre de la nature de Laval. Ce parc, qui a plus de 20 ans, accueille chaque année plus de un million de visiteurs et offre une foule d'activités pour toute la famille. Il y a des animaux de ferme, des cerfs de Virginie, une serre tropicale et la plus grande patinoire extérieure de la région; que demander de plus? Le plus

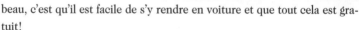

beau, c'est qu'il est facile de s'y rendre en voiture et que tout cela est gratuit!

Le Centre de la nature est situé dans une ancienne carrière, à la pointe est de l'île Jésus, un peu à l'ouest du pont Pie IX. Le parc est soigneusement aménagé, mais il reste des traces du passé, notamment les escarpements qui plongent dans le vaste lac artificiel qui submerge l'ancienne carrière.

Les enfants vont adorer la petite étable; propre et moderne, elle est située en face de l'entrée, de l'autre côté du lac. Une vache, un cheval, des faisans, un cochon de plus de 300 kg et même un chat et quelques souris y habitent... Il y a aussi un étang intérieur pour les canards.

Le bâtiment adjacent abrite une serre qui regorge de plantes tropicales et d'oiseaux exotiques en liberté ou en captivité. La serre dispose aussi d'un bassin dans lequel évoluent des carpes japonaises appartenant au Jardin botanique de Montréal. Il s'agit d'une mesure préventive: en séparant le groupe de carpes en deux, on évite qu'elles soient emportées d'un coup par une maladie. Chacun de ces magnifiques poissons vaut plusieurs milliers de dollars: pêche interdite, donc!

Au sommet de la colline, derrière l'étable et la serre, une autre surprise attend le visiteur: un enclos où gambadent neuf cerfs de Virginie.

Les installations sont accessibles l'hiver. Le parc propose alors 3 km de sentiers de randonnée et 7 km de pistes de ski de fond entretenues pour le pas alternatif et le pas de patin. Il y a aussi une petite colline où l'on peut faire de la luge, mais la pièce maîtresse est l'immense patinoire aménagée sur le lac artificiel. Elle équivaut à environ 18 patinoires de hockey! Seul inconvénient: le lac est très profond, la glace prend donc un peu plus de temps à se former. Les patineurs doivent téléphoner à l'avance pour s'informer de l'état de la glace. Les dirigeants du parc prétendent que c'est la plus belle patinoire extérieure au Québec, et il est difficile de les contredire. On en fait même l'entretien à la resurfaceuse (la «Zamboni»)! La seule autre patinoire extérieure entretenue à la resurfaceuse est celle du bassin Bonsecours, dans le Vieux-Montréal.

On peut louer des patins, les faire aiguiser ou prendre une collation au chalet situé au bord du lac.

Le Centre offre un nombre incroyable d'activités gratuites pour la famille, tant l'hiver que l'été. La plupart des fins de semaine et pendant les congés scolaires, on organise des activités spéciales. Lors de la dernière fête de la Saint-Jean, plus de 70 000 personnes se sont réunies au parc pour un concert extérieur.

54, ave du Parc
(514) 662-4942.

Horaire
Chalet et autres bâtiments: de 9 h à 22 h.

Frais
Entrée libre et stationnement gratuit.

Trajet
Autoroute 15 Nord (autoroute des Laurentides) jusqu'à l'autoroute 440 (autoroute de Laval). Autoroute 440 Est jusqu'à l'autoroute 19 (autoroute Papineau). Autoroute 19 Sud (vers Montréal) jusqu'à la sortie 5 (boul. de la Concorde). Boul. de la Concorde Est jusqu'à l'avenue du Parc. Le parc est délimité par le boul. de la Concorde au sud, le boul. Saint-Martin au nord et l'autoroute 25 à l'est. L'entrée principale donne sur l'avenue du Parc. Le Centre est accessible par transport en commun; appeler au Centre pour obtenir les indications.

Le Nord et l'Est

✪ Des cerfs de Virginie… un site de pêche populaire… des cavernes creusées par les glaciers il y a vingt mille ans — ce n'est pas exactement ce qu'on s'attendrait à trouver dans cette partie de la ville surtout connue pour le Stade olympique et le Jardin

botanique. Secteur principalement résidentiel émaillé de quelques zones industrielles, la pointe nord-est de Montréal est aussi truffée de surprises naturelles. ✪ En plus de la découverte du monde souterrain de Montréal dans les grottes de Saint-Léonard, cette section présente le dernier marécage de l'île (et ses derniers cerfs sauvages) au parc-nature de Pointe-des-Prairies, ainsi nommé parce qu'il recoupe la partie la plus à l'est de Pointe-aux-Trembles et de Rivière-des-Prairies. Un peu plus près du centre-ville, montez à bord d'un minibus pour une visite «en profondeur» de l'ancienne carrière Miron, le dépotoir principal de la ville qui se remplit rapidement — une excursion qui, si elle semble rebutante, n'en est pas moins absolument fascinante. Plus près encore, le parc-nature de l'Île-de-la-Visitation est un espace vert semi-urbain situé dans un secteur historique, où se trouve une île charmante dont on peut faire le tour à pied en une vingtaine de minutes. ✪ Le Centre aquatique de Rivière-des-Prairies offre les meilleures glissades d'eau en ville et, en prime, un agréable bain-tourbillons situé à l'arrière, sur les berges de la rivière. Et si le Jardin botanique ou l'Insectarium sont des

attractions familières, ils proposent néanmoins certaines activités plutôt pittoresques, qui valent vraiment la peine d'être expérimentées.

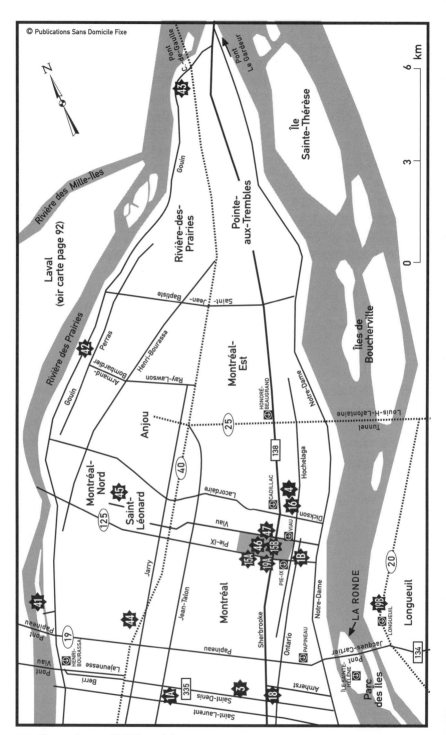

© Publications Sans Domicile Fixe

DESTINATIONS

41. Parc-nature de l'Île-de-la-Visitation
2425, boul. Gouin Est
(514) 280-6733
p. 110

42. Centre aquatique de Rivière-des-Prairies
1215, boul. Rodolphe-Forget
(514) 872-9322
p. 112

43. Parc-nature de la Pointe-aux-Prairies
12 300, boul. Gouin Est
(514) 280-6688
12 980, boul. Gouin Est
(514) 280-6772
14 905, rue Sherbrooke Est
(514) 280-6691
p. 114

44. Complexe environnemental de Saint-Michel (Carrière Miron)
2525, rue Jarry Est
(514) 872-0761
p. 116

45. Caverne de Saint-Léonard
5200, rue Lavoisier (Parc Pie-XII)
Réservations: (514) 252-3323;
Bureau du parc: (514) 252-3006
p. 118

15A, 15B, 46 et 47.
Jardin botanique et Insectarium
4101, rue Sherbrooke Est (angle Pie-IX)
(514) 872-1400
p. 42, p. 120, p. 122

1A. Marché Jean-Talon
7075, ave Casgrain
(514) 277-1588
p. 12

1B. Marché Maisonneuve
4445, rue Ontario Est (angle Letourneux)
(514) 937-7754
p. 12

16. Centre d'escalade Horizon Roc
2350, rue Dickson
(514) 899-5000
p. 44

18. Écomusée du Fier Monde
2050, rue Amherst
(514) 528-8444

19A. Fédération québécoise de la marche
4545, ave Pierre-de-Coubertin
(514) 252-3157
p. 50

19B. JASS
Métro Longueuil
(514) 338-8727
p. 50

INFORMATION TOURISTIQUE

Ligne téléphonique du réseau des parcs-nature de la CUM
(514) 280-PARC (7272)

Parc-nature de
l'Île-de-la-
Visitation

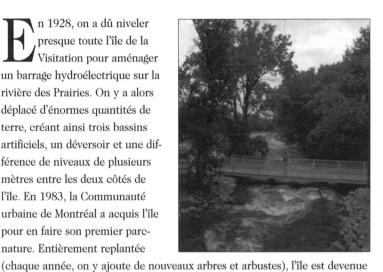

En 1928, on a dû niveler presque toute l'île de la Visitation pour aménager un barrage hydroélectrique sur la rivière des Prairies. On y a alors déplacé d'énormes quantités de terre, créant ainsi trois bassins artificiels, un déversoir et une différence de niveaux de plusieurs mètres entre les deux côtés de l'île. En 1983, la Communauté urbaine de Montréal a acquis l'île pour en faire son premier parc-nature. Entièrement replantée (chaque année, on y ajoute de nouveaux arbres et arbustes), l'île est devenue un petit paradis dans ce quartier vieux de 300 ans qu'est Ahuntsic.

La section du parc située sur l'île de Montréal ressemble à de nombreux parcs urbains; elle est agréable, sans plus. Dans la partie orientale, cependant, le sentier le plus près du bord de l'eau offre plusieurs points de vue intéressants sur l'île et mène, à son extrémité, à une structure impressionnante: un déversoir en ciment long d'une centaine de mètres où l'eau dégringole en cascades. À plusieurs endroits, il est possible de descendre jusqu'à la rive rocheuse.

Le plus intéressant, c'est l'île, une étroite bande de terre qui s'étire à quelques dizaines de mètres de l'île de Montréal. Tout juste à l'est du chalet d'accueil, un pont de métal et de bois enjambe l'étroit bassin situé près du bout de l'île. À la pointe extrême de l'île, un belvédère de bois surplombe la digue et le déversoir. À certains endroits le long du sentier, on peut apercevoir en même temps la rivière et le bassin: le contraste entre les niveaux est saisissant.

Il y a beaucoup plus à voir dans la partie ouest de l'île, plus boisée et passablement plus large. Une demi-douzaine de familles chanceuses y vivent, certaines dans de petites maisons de ferme qui date du début du siècle. C'est là, aussi, qu'on trouve les meilleurs endroits pour pique-niquer, l'un dans une vaste zone herbeuse autour d'un vieil arbre gigantesque et l'autre en bordure d'un bassin, en face des maisons. (Les seules toilettes se trouvent au chalet d'accueil, sur l'île de Montréal.)

Si vous en avez le temps, suivez le sentier qui passe sous l'autoroute, jusqu'au bassin de l'Église. L'eau qui arrive par une large conduite se précipite dans un second bassin avant de courir sous les ruines d'un vieux moulin et de retourner à la rivière. À cet endroit, il y a souvent des pêcheurs, sans doute attirés par le fort remous. Vous pouvez alors revenir sur vos pas, puisque les sentiers au bord du bassin sont raboteux et que quitter l'île par ce moyen vous obligerait à traverser une zone résidentielle ennuyeuse pour revenir au parc.

Un deuxième pont enjambe la rivière à côté des ruines d'un vieux moulin, où cinq vannes laissent passer les eaux rugissantes. La maison du Meunier, récemment restaurée, est ouverte aux visiteurs; on y trouve des toilettes, une boutique et un café au bord de l'eau.

Non loin de là, la maison du Pressoir présente à l'intention des enfants une exposition sur l'époque où Ahuntsic n'était encore qu'un petit village. Un des attraits en est le pressoir à cidre qui a donné son nom au bâtiment. On peut y acheter un guide pour faire à pied un circuit de 25 bâtiments historiques du quartier, dont l'église de la Visitation, la plus vieille église de Montréal. Construite en 1752, elle constitue un bon exemple des trésors architecturaux du quartier.

2425, boulevard Gouin Est
(514) 280-6733

Horaire

Parc: Du lever au coucher du soleil, tous les jours. Chalet d'information: De la fin avr. à la fête du Travail: de 9 h 30 à 18 h; de la fête du Travail à la fin oct., de 9 h 30 à 16 h 30; de la mi-déc. à la mi-mars, du lever au coucher du soleil. Pour se renseigner sur l'horaire en vigueur, composer le (514) 280-PARC (7272).

Frais

Entrée: gratuite. Stationnement: 4 $ (pièces de monnaie, Visa et MasterCard). Ticket de stationnement valable le même jour dans tout parc-nature de la CUM.

Trajet

Station Henri-Bourassa (ligne orange). Autobus 69 est jusqu'à la rue De Lille (environ huit rues à l'est de Papineau, près du Provigo). Marcher rue De Lille vers le nord, jusqu'à l'entrée du parc.

42

Faites des vagues au
Centre aquatique
de Rivière-des-Prairies!

Le Centre aquatique de Rivière-des-Prairies est une véritable oasis tropicale, cachée entre une petite bibliothèque et un collège, aux abords de la rivière des Prairies. Grâce à un mur vitré, le Centre baigne dans la lumière naturelle. Les sauveteurs aiment s'y asseoir à l'ombre de palmiers artificiels; il y a aussi de vrais arbres, en pot ceux-là. Dans la grande salle principale au plafond surélevé, il y a de très jolies pataugeoires, un bain à remous et les plus belles glissades d'eau en ville.

Comme l'Aquadôme de LaSalle (voir page 14), le Centre aquatique dessert les familles et les adolescents. On y trouve des vestiaires familiaux et des distributrices dans une salle de restauration où l'on peut apporter sa collation. Des chaises longues et des tables sont disposées le long des piscines. Et par beau temps, on ouvre les portes arrière, qui donnent sur une terrasse qui peut accueillir environ 50 personnes.

Les pataugeoires sont très grandes et chacune est de forme différente. Un petit «bras de mer», où l'eau monte et descend au gré des «vagues», est aménagé dans l'une d'elle. Une autre est dotée d'une fontaine en forme de champignon, idéale pour les petits qui veulent jouer au chat ou à la cachette. La troisième a une pente douce pour les tout-petits et les fauteuils roulants ainsi qu'une fontaine en forme de dragon. L'eau des pataugeoires est chaude (28,5 °C), et la pièce est maintenue à la température presque tropicale de 30 °C; même le fond des pataugeoires est chauffé! Enfin, véritable coup de génie, les trois piscines sont à des niveaux différents, et l'eau cascade entre elles.

Ce qui distingue vraiment le Centre aquatique, cependant, ce sont les glissades d'eau jumelles qui se jettent dans une autre piscine. D'une hauteur équivalant à deux étages, comme les glissades des aquaparcs extérieurs, on s'y éclate vraiment: on tournoie dans tous les sens avant de plonger dans la piscine. Au sommet, des moniteurs contrôlent les descentes; en bas, un sauveteur est présent, au cas où quelqu'un aurait besoin d'aide. Pour avoir le droit d'utiliser les glissades, il faut mesurer au moins 1,12 m et savoir nager.

Aux nageurs avertis, le Centre aquatique propose une piscine de 50 m avec couloirs et des tremplins de 1 m et de 3 m. Pour ceux qui préfèrent la détente, il y a un grand bain à remous chauffé.

Enfin, le Centre aquatique offre aussi une gamme complète de cours pour gens de tous âges, dont l'aquaforme, la gymnastique prénatale, les cours de sauvetage et les cours de natation de tous niveaux.

Le bonnet de bain n'est pas exigé; il faut toutefois apporter son cadenas.

12 515, boul. Rodolphe-Forget
(514) 872-9322

Horaire

(Au printemps; téléphoner pour connaître l'horaire en vigueur.)

Familles (pataugeoires): du mar. au ven.: de 11 h à 15 h et de 17 h à 19 h 30; le sam.: de 9 h à 12 h.

Familles (glissades d'eau): du mar. au ven.: de 19 h 30 à 20 h 30; les sam. et dim.: de 12 h à 15 h 30.

Bain libre pour tous (piscine de 25 m): du mar. au ven.: de 15 h à 17 h.

Adultes seulement (piscines et glissades d'eau): du mar. au ven.: de 20 h 30 à 21 h 30; le sam.: de 15 h 30 à 16 h 30.

Adultes seulement (pataugeoires): du mar. au ven.: de 10 h à 11 h.

Frais

Gratuit.

Trajet

Station Henri-Bourassa (ligne orange). Autobus 49 (boul. Léger) jusqu'au boul. Rodolphe-Forget.

43

Vélos, oiseaux et chevreuils au parc-nature de la
Pointe-aux-Prairies

À cheval sur Rivière-des-Prairies et Pointe-aux-Trembles, les quartiers les plus à l'est de l'île de Montréal, se trouve un parc qui ne manque pas de surprises. Son extrémité nord consiste en une zone marécageuse que borde la rivière et où abonde le gibier d'eau. La zone boisée centrale, elle, est idéale pour les randonnées à vélo ou à pied (ou à skis). Quant aux secteurs les plus au sud du parc, innommés, inexploités et non clôturés, une douzaine de chevreuils à queue blanche y errent librement.

Le secteur près de la rivière des Prairies constitue, à bien des égards, la plus belle partie du parc. On y trouve le seul marais de l'île de Montréal, ainsi que plusieurs étangs où on peut observer canards, grands hérons, bihoreaux gris et autres oiseaux. Depuis le pavillon des marais (le plus beau des deux chalets d'accueil de ce secteur), un des sentiers vous conduira, à l'est, vers un grand écosystème étang-marais en fort bon état. Une passerelle en bois, large, solide et dotée de garde-fous faits de gros cordages, en traverse la partie la plus dégagée. Au milieu, sur une plate-forme couverte, de style polynésien, il y a des bancs d'où l'on peut observer plusieurs cabanes d'oiseaux au-dessus de l'eau.

La tour de pierre du pavillon offre une excellente vue circulaire. On peut également y casser la croûte, s'y orienter ou s'y procurer une carte du parc (les sentiers sont balisés, mais une carte vous sera utile). L'éolienne *high-tech* située à côté du chalet devait fournir l'électricité nécessaire pour contrôler les niveaux d'eau de l'étang et du marais, mais comme elle est hors d'usage, on utilise une pompe électrique ordinaire.

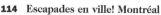

Un chemin étroit, qui contourne la station d'épuration des eaux de la CUM et passe au-dessus de l'autoroute 40 en empruntant un pont ferroviaire clôturé, relie la partie nord du parc au bois de l'Héritage. Certains jours, les odeurs émanant de la station sont assez désagréables, mais l'administration du parc a fait de son mieux: à plusieurs endroits le long du chemin, des massifs de rosiers sauvages odoriférants ont été plantés. Des arbres seraient aussi bienvenus, car ce secteur manque de zones ombragées.

La partie centrale, elle aussi très belle, comprend de nombreux sentiers bien entretenus et assez étroits (dont certains sont réservés aux piétons) qui s'entre-croisent dans une vieille forêt d'érables et de hêtres. Ce secteur est populaire auprès des familles du quartier, car on y trouve une vaste aire de pique-nique près du troisième chalet d'accueil du parc. En hiver, ce chalet, situé plus près du bois et pourvu d'un foyer, devient le point de ralliement des skieurs de fond. Il y a aussi une petite butte pour faire du toboggan.

Le parc s'étend vers le sud au-delà de la rue Sherbrooke, mais la route, large et iné-gale, trop droite et dégagée, ressemble plutôt à un chemin de campagne sans intérêt, si on la compare aux sentiers si-nueux de la partie boisée. Cependant, c'est là qu'habite la douzaine de chevreuils à queue blanche et avec un peu de chance, vous les verrez à droite du sentier, le long de la voie ferrée qui traverse ce secteur. Au sud de la rue Notre-Dame, le parc devient un champ inintéressant qui s'étend jusqu'au Saint-Laurent et où on voit une vieille maison en ruine.

PAVILLON DES MARAIS

12 300, boul. Gouin Est

(514) 280-6688

CHALET D'ACCUEIL DE RIVIÈRE-DES-PRAIRIES

12 980, boul. Gouin Est

(514) 280-6772

CHALET D'ACCUEIL DU BOIS DE L'HÉRITAGE

14 905, rue Sherbrooke Est

(514) 280-6691

Horaire

Parc: du lever au coucher du soleil. Chalets d'accueil: de la fin avr. à la mi-oct.: de 11 h à 17 h. En hiver et les jours de semaine, l'horaire peut varier. Prière de téléphoner.

Frais

Entrée: gratuite. Stationnement: 4 $ (pièces de monnaie, Visa et MasterCard). Ticket de stationnement valable le même jour dans tout parc-nature de la CUM.

Trajet

Rivière-des-Prairies: station Honoré-Beaugrand (ligne verte). Autobus 189 jusqu'au terminus; puis autobus 183. Ou station Henri-Bourassa (ligne orange); puis autobus 48 et 183 jusqu'au parc. Bois de l'Héritage: station Honoré-Beaugrand (ligne verte). Autobus 189 vers l'ouest (rue Sherbrooke) jusqu'à Yves-Thériault. Marcher vers le nord jusqu'à l'entrée du parc.

44

La
carrière Miron: plus
qu'un simple dépotoir

E st-ce les
mouettes, les
ordures que
compactent inlassable-
ment les énormes
machines ou une por-
tion d'éternité, qu'en-
fouit-on de la sorte?
Peu importe la
réponse, les dépotoirs nous font prendre conscience de certaines réalités
fondamentales. Et la carrière Miron, immense site d'enfouissement de la
Ville de Montréal, ne fait pas exception. Si vous vous êtes déjà demandé
quelle direction prennent vos ordures, une visite guidée du site répondra à
votre question.

Ancienne carrière de chaux, la carrière Miron a été transformée en dépotoir en 1968 et est maintenant appelée Complexe environnemental de Saint-
Michel. Outre le site d'enfouissement, on y trouve un centre de tri et de
recyclage, deux centres de compostage et une installation de traitement du
biogaz.

Quelle drôle de sensation que celle de circuler sur les routes sinueuses et
ondulantes qui sillonnent ce paysage lunaire! Aux amoncellements de compost succèdent d'énormes montagnes d'articles triés, du béton, de vieux
meubles, etc. La carrière s'étend sur 182 hectares et a 70 mètres de profondeur: elle est presque aussi grande que le Parc du Mont-Royal et aussi
profonde que la montagne est haute!

Le contenu des cloches vertes ainsi que des bacs bleus et verts aboutit au centre de tri et de recyclage. (Actuellement, le service de collecte sélective est offert à environ 450 000 foyers montréalais). C'est un immense entrepôt jonché de papiers où sont disposées de grosses piles de matières triées. Des personnes portant combinaison, gants et lunettes bleus répartissent les matières sur 4 convoyeurs à courroie qui servent respectivement au transport du papier, du verre, du plastique et du métal.

En allant au dépotoir, on passe près d'un vaste bâtiment blanc où l'on produit de l'électricité au moyen de biogaz, sous-produit de la décomposition de la matière organique. D'énormes tuyaux (il y en 300) sortent des profondeurs du sol. À l'origine, on les a mis en place pour prévenir les explosions; on laissait le gaz s'échapper librement dans l'air. En 1988, on a décidé de sceller les puits et d'éliminer le gaz par combustion. Maintenant, on le recueille; il permet de produire 25 MW d'électricité, soit l'équivalent de la consommation de quelque 10 000 foyers.

Mais le plus impressionnant est sans contredit le site d'enfouissement. Un flot incessant de camions y déversent 500 000 tonnes d'ordures chaque année. Deux machines y «vivent» en permanence: un bouteur, qui déplace les matières, et un compacteur muni de grosses roues à crampons.

Les sacs de feuilles que la Ville ramasse à l'automne sont vidés à la main et les feuilles sont placées dans des camions de 35 tonnes (du genre de ceux qu'on voit dans les mines) à l'aide d'un énorme chargeur; on les étend ensuite en rangées de 3 mètres de haut sur 30 mètres de long, pour en faire du compost.

La visite comporte d'autres éléments intéressants. Dans un secteur, on recueille les vieux matériaux routiers, qui sont utilisés pour aménager de nouvelles routes dans la carrière. Dans un autre, on ramasse les briques, les barres d'armature et le béton. Il y aussi de grands étangs où l'on purifie l'eau souterraine avec du peroxyde d'hydrogène. Enfin, dans un autre endroit, on fait des essais pour voir quel type de sol conviendrait le mieux pour recouvrir le site d'enfouissement. Car, après 30 ans d'utilisation, la carrière sera bientôt remplie et on songe à la transformer en parc.

2525, rue Jarry Est
Quartier Saint-Michel
(514) 872-0761
Visites sur réservation.

Horaire
Du lun. au ven.: de 8 h à 17 h.

Frais
Gratuit.

Trajet
Station Jarry (ligne orange). Autobus 193 vers l'est jusqu'à l'intersection Jarry et Iberville.

45

Spéléologie
à Saint-Léonard

L a plupart des parcs urbains, en plus de constituer des oasis de verdure, comportent un terrain de balle ou de soccer, voire une piscine publique. Le parc Pie XII, au centre de Saint-Léonard, offre tout cela, et plus encore. À la lisière d'un bosquet, une douzaine de marches en bois conduisent à une grille encastrée dans un mur de béton. Au-delà de cette grille et d'une lourde bâche en toile se trouve une caverne. Malgré ses dimensions réduites, cette cavité naturelle vieille de dizaines de milliers d'années permet de s'initier aux plaisirs de la spéléologie.

Il existe environ 500 cavernes du genre au Québec, dont une cinquantaine d'assez grande taille pour être accessibles à l'homme. Saint-Léonard en compte trois, mais la caverne de Saint-Léonard, ainsi qu'on l'appelle, est la seule qui soit ouverte aux visiteurs. Elle en a d'ailleurs attiré un grand nombre depuis 1811, après qu'un journal en eut parlé pour la première fois. En 1978, la Société québécoise de spéléologie l'a ouverte au grand public.

La plupart des cavernes naissent du travail de l'eau sur des roches sédimentaires. À un rythme d'une extrême lenteur à l'échelle humaine, l'eau ravine le calcaire, créant ainsi galeries, stalactites, stalagmites et autres concrétions. (Dans le désert, des grottes peuvent aussi se former sous l'action conjuguée du sable et du vent.)

La caverne de Saint-Léonard fut, quant à elle, formée par l'action, plus récente et plus rare, des glaciers. Il y a quelque 20 000 ans, alors que toute la région se trouvait sous 3 km de glace, les glaciers, en avançant, ont creusé le sol et projeté des blocs de roche à la surface. L'eau a fait le reste. La caverne mesure environ 40 m de long sur 2,5 m de large; son plafond plat est suffisamment haut pour que les visiteurs puissent s'y tenir debout aisément.

La visite commence par un bref diaporama commenté sur la spéléologie. Votre guide enfile ensuite sa combinaison de spéléologue, allume une lampe à carbure et vous conduit dans les profondeurs souterraines.

Bien qu'un siècle de fréquentation de la caverne en ait endommagé toutes les stalactites — les «glaçons» de pierre qui pendent du plafond —, il reste encore beaucoup à voir. Votre guide vous montrera des fossiles datant du temps où Montréal se trouvait au fond d'un grand océan, il y a quelque 350 millions d'années: du corail et des coquillages fossilisés, ainsi qu'un impressionnant fossile de ver polychète d'environ 10 cm de long. On voit aussi nettement l'endroit où les parois opposées s'emboîteraient encore exactement. Au plafond près de l'entrée, on aperçoit les racines des arbres qui se sont frayé un chemin jusque dans la caverne.

Les visiteurs sont fortement incités à explorer les lieux. À l'extrémité de la caverne se trouvent deux échelles qui mènent tout au fond, à 9 m sous la surface. Vous devrez vous faufiler jusque-là, mais soyez sans crainte. Les cavernes sont des structures extrêmement stables, dont la formation s'étend sur des millénaires. À mi-chemin du fond, un petit couloir s'ouvre sur la droite.

Aucun équipement spécial n'est nécessaire pour visiter le site cavernicole de Saint-Léonard, mais il est indispensable de se vêtir chaudement, car la température intérieure est de 6 °C et l'humidité relative, à près de 100 %. Portez de préférence de vieux vêtements et apportez des gants; grimper et ramper sont des activités plutôt salissantes et les barreaux des échelles risquent d'être un peu boueux. Le casque et la lampe frontale à pile sont fournis. Comptez une heure et demie à deux heures pour la visite, diaporama inclus.

Parc Pie XII
5200, boul. Lavoisier
Renseignements et réservations:
(514) 252-3323
Bureau: (514) 252-3006
Réservations obligatoires. Maximum de 16 personnes par visite.

Horaire
Juin, juill. et août: les mar., jeu., ven. et sam.: à 9 h, 10 h 50, 13 h 15, 15 h 05; et le mer: à 13 h 15, 15 h 05, 17 h 45 et 19 h 35.
Le bureau est ouvert du lun. au ven. de 9 h à 17 h.

Frais
6,50 $ par personne

Trajet
Station Viau (ligne verte). Autobus 132 vers le nord, de la station Viau au boul. Lavoisier. Prendre Lavoisier vers l'est, jusqu'à l'entrée du parc.

46

Escapade orientale au
Jardin botanique

Les voyages sont passionnants: l'effet de dépaysement a toujours de quoi ragaillardir. Or, on peut vivre semblable expérience à Montréal même, en visitant le Jardin de Chine et le Jardin japonais du Jardin botanique. Ils offrent exotisme et romantisme, mais, surtout, du réalisme! Les guides bénévoles vous y renseignent sur les traditions et toute la philosophie qui président à l'aménagement des étangs, ruisseaux, pagodes et pavillons, ainsi qu'au choix des poissons. De plus, le nouveau service de navette facilite les déplacements.

Le Jardin de Chine a été conçu en 1991 par des experts de Shanghai. Pour les rocailles, les étangs et les sentiers, 300 tonnes de pierres décoratives ont été importées de Chine. Les superbes pagodes, elles, ont été transportées en pièces détachées depuis Shanghai. Chaque élément a été disposé suivant les conventions chinoises, de manière que l'ensemble dégage la meilleure *feng shui* (énergie spirituelle) possible. Le résultat? Un vrai jardin chinois, dont certains disent qu'il est le plus important en dehors de la Chine.

C'est ce qui explique la disposition des pierres – qui peut sembler curieuse – dans les sentiers: il s'agit ici de ralentir le visiteur, de l'inciter à la détente et à la contemplation. Il en va de même du pont zen coudé, qui enjambe l'étang. S'il vire à 90 degrés, c'est pour empêcher les mauvais esprits de vous suivre…

Certains remarqueront peut-être que les arbres et les plantes miniatures qui se trouvent dans l'une des pagodes n'ont rien à voir avec les bonsaïs. C'est que ces derniers viennent du Japon; en Chine, on parle plutôt de *penjings*. Ce qui les distingue surtout des bonsaïs, c'est qu'on en place souvent plus d'un par pot. Beaucoup des penjings ont été donnés, en 1984, par le plus important collectionneur de Hong Kong, Wu Yee Sung. Certains sont centenaires et valent une fortune.

Le Jardin japonais est peut-être moins coloré que le Jardin chinois, mais il est plus reposant. On y accède par la roseraie (où 10 000 rosiers sont en fleur de la fin juin jusqu'en septembre) ou par la pinède. On y découvre un autre jardin asiatique traditionnel, où plantes, plans d'eau et pierres se marient pour créer un véritable sanctuaire pour l'âme. De la même taille que le Jardin de Chine, il paraît beaucoup plus grand, probablement du fait qu'il ne comporte qu'un pavillon et compte de vastes étendues gazonnées.

On y voit aussi une chute de 9 m, qui aboutit dans un étang serpentin; une collection de bonsaïs, dont un rhododendron qui prend l'allure d'une fleur géante quand il fleurit; et des gingkos remarquables. Ces derniers se caractérisent par leur feuillage en éventail (des fossiles de feuilles de gingko, vieux de plusieurs millions d'années, ont été trouvés) et leur résistance aux maladies et à la pollution. Ils ont connu un regain de popularité quand on s'est rendu compte qu'ils étaient les premiers arbres à repousser après l'explosion de la bombe d'Hiroshima, en 1945.

Au pavillon, des meubles, des vêtements et des œuvres d'art japonais sont exposés avec un raffinement peu commun. Derrière le pavillon, il y a un jardin zen; le gravier y est travaillé soigneusement au râteau de façon qu'il imite l'ondulation de l'eau.

Une navette accessible en fauteuil roulant permet de se déplacer sans effort dans le Jardin botanique. Avant d'y monter, il est à conseiller de se procurer une carte à la serre principale ainsi que la brochure *Au gré des saisons*, qui indique quelles plantes sont en fleur à chaque période de l'année. L'hiver, on peut faire du ski de fond et la serre principale, qui a fait l'objet de travaux importants ces dernières années, est une destination des plus intéressantes.

4101, rue Sherbrooke Est (angle Pie IX)
(514) 872-1400
Des réservations sont nécessaires pour les groupes et les visites guidées en anglais.

Horaire

Jardins et serres: tous les jours: de 9 h à 17 h (jusqu'à 21 h durant la saison d'été). Navette: toutes les 20 min: de 10 h à 17 h, de mai à sept. Bureau d'accueil: du lun. au ven.: de 8 h 30 à 16 h 30. Visites guidées: tous les jours sauf le mer.: à 10 h 30 et 13 h 30.

Frais

Adultes: 9.50$; enfants de 6 à 17 ans: 4,75$; aînés: 7$. Guide: 10 $ par guide (visites guidées réservées aux groupes).

Trajet

Station Pie IX (ligne verte). Boul. Pie IX vers le nord (ou autobus 139 vers le nord jusqu'à l'arrêt suivant), puis rue Sherbrooke Est. Autre option: station Viau (ligne verte); navette jusqu'à l'Insectarium toutes les 15 min.

47

Manger des insectes...
ou se contenter de les observer
à l'Insectarium

Lorsque, dans *Le monde s'effondre*, célèbre roman de l'écrivain africain Chinua Achebe, une nuée de sauterelles assombrit le ciel, les villageois sortent de leurs maisons et prient pour qu'elles se posent. Elles le font et ils se régalent de ces insectes géants pendant des semaines. Ces gens ne sont pas affamés mais, pour eux comme pour bien d'autres peuples, certains insectes sont des délices rares.

Au Zaïre, on se réjouit de l'arrivée des grillons, comme nous, Québécois, de l'apparition des premières fraises de l'été. Pour les aborigènes d'Australie, une larve blanche grosse comme le pouce (appelée *wichetty grub*), qui vit sous l'écorce des arbres, représente un mets aussi succulent que des œufs, tandis que le thorax de la fourmi à sucre, plus commune, transforme un simple verre d'eau en une boisson savoureuse.

Lors de votre prochain voyage au Laos ou en Thaïlande, si vous appréciez le goût piquant, qui rappelle celui du gorgonzola, du *nam prik mangda*, rappelez-vous que ce plat de riz et de légumes est constitué principalement de punaises d'eau broyées. Plus près de nous, au Mexique, la chenille qu'on voit dans certaines marques de tequila est grillée et servie dans une sauce piquante sur des tortillas.

Au Québec, nous ne sommes guère friands ni d'insectes ni de leurs sous-produits, à l'exception du miel. Contenant beaucoup de protéines et peu de gras, ils sont pourtant nutritifs. Chaque printemps, l'Insectarium se fait l'ambassadeur de cet univers culinaire marginalisé et sert des bouchées savoureuses où les insectes sont bien évidents (pour les aficionados) ou non reconnaissables (pour les débutants).

Sous la direction du chef Jean-Louis Thémistocle, les étudiants de l'Institut de tourisme et d'hôtellerie du Québec cuisinent divers plats à base d'insectes. Les plus populaires sont les sauterelles à la mexicaine, les biscuits et la pizza aux larves de ténébrions et les grillons au chocolat. Même les plus dédaigneux apprécient la crémeuse trempette aux larves d'abeilles et les enfants adorent la tire d'érable sur neige, garnie de larves de ténébrions.

En moyenne, lors de cet événement annuel qui attire environ 15 000 visiteurs, le chef et ses adjoints préparent 150 000 larves d'abeilles, 100 000 larves de ténébrions, 35 000 grillons et 10 000 criquets migrateurs – qui ont sans doute atterri au mauvais endroit!

Même si vous n'avez pas envie de vous envoyer quelques insectes, vous aimerez sans doute visiter l'Insectarium. Ce petit bâtiment près du Jardin botanique abrite environ 27 000 membres du royaume des insectes. La plupart sont conservés avec soin sous verre, mais certains sont bien vivants, dont des blattes géantes de Madagascar, qui mesurent 7 cm, des tarentules, des mille-pattes, des réduves (une sorte de punaise prédatrice) et des grillons. Cherchez les vivariums.

En été, on installe une volière à papillons dans les jardins. Vous pouvez marcher sous cette tente géante parmi des centaines de papillons du Québec, qui butinent leurs arbres et arbustes préférés. Le plus récent événement annuel consiste à relâcher des milliers de papillons exotiques dans la serre principale.

4101, rue Sherbrooke Est (angle Pie IX)
872-1400

Horaire

Chaque jour: de 9 h à 17 h. Du 18 juin à la fête du Travail: de 9 h à 19 h. Dégustation d'insectes: semaines de relâche scolaire (habituellement la dernière de févr. et la première de mars): de 13 h à 16 h. Volière à papillons: du 21 juin à la fête du Travail.

Frais

Adultes: 9.50 $; enfants (de 6 à 17 ans): 4,75 $; personnes âgées: 7 $. Comprend l'entrée au Jardin botanique.

Trajet

Station Pie-IX (ligne verte). Pie-IX vers le nord à pied ou par l'autobus 139 (un arrêt) jusqu'à Sherbrooke, et marcher vers l'est jusqu'à l'entrée. Ou station Viau (ligne verte) et navette gratuite jusqu'à l'Insectarium.

La Rive-Sud

⚙ La région de la Rive-Sud, qui longe le fleuve Saint-Laurent entre les municipalités de Mercier, à l'ouest, et de Contrecœur, à l'est, s'étend sur 10 à 20 kilomètres à l'intérieur des terres. Pour votre plaisir, nous avons ajouté deux attractions riveraines à ne pas manquer — un site archéologique et une plage de premier ordre — bien qu'elles soient situées à une dizaine de kilomètres plus à l'ouest. ⚙ Sise en bordure du fleuve et en face de l'île de Valleyfield, la

paisible municipalité de Saint-Timothée est pourtant très animée. Au Parc des îles de Saint-Timothée, vous trouverez l'une des plages les plus agréables de la région montréalaise, ainsi que de superbes sentiers pour la randonnée, le vélo et le patin à roues alignées. ⚙ Tout près, à Melocheville, le site archéologique de Pointe-du-Buisson est ouvert aux visiteurs bien qu'on y conduise toujours des fouilles. Ne vous attendez pas à y rencontrer des clones d'Indiana Jones, courbés dans des tranchées profondes, car c'est un chantier plutôt discret. Vous y découvrirez par contre 5 000 ans d'histoire amérindienne dans la région, de même qu'un beau parc qui donne sur le fleuve. ❁ La culture amérindienne est toujours bien vivante au village de Kahnawake où, chaque année au début de l'été, une compétition tenue lors d'un pow-wow attire des troupes de danse professionnelles, venues d'un peu partout dans le monde. ❁ Le Musée ferroviaire canadien de Saint-Constant présente la plus importante collection de matériel roulant au pays et, dans une demeure historique de pierre des champs de Saint-Lambert, le sympathique musée Marsil décode les messages sociaux véhiculés par les vêtements et les textiles. ❁ Les destinations sont variées et facilement accessibles par autobus.

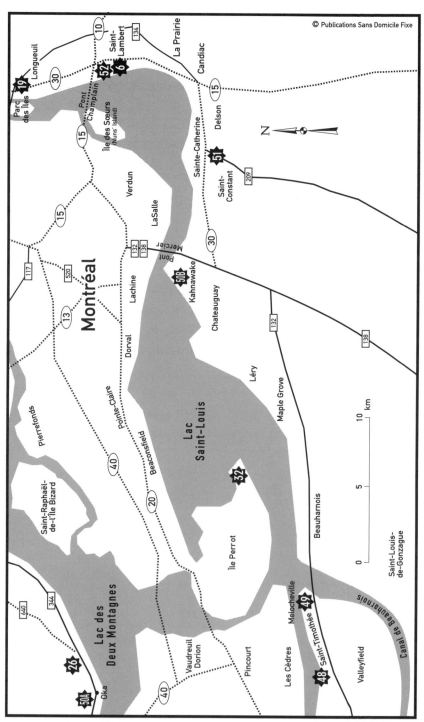

© Publications Sans Domicile Fixe

DESTINATIONS

48. Parc régional des îles de Saint-Timothée (plage)
240, rue Saint-Laurent
Saint-Timothée
(450) 377-1117
p. 128

49. Parc archéologique de la Pointe-du-Buisson
333, rue Émond
Melocheville
(450) 429-7857
p. 130

50A. Pow-wow de Kanesatake
Kanesatake
(450) 479-8881
p. 132

50B. Pow-wow de Kahnawake
Kahnawake
(450) 632-8667
p. 132

51. Musée ferroviaire canadien
122A, rue Saint-Pierre
Saint-Constant
(450) 632-2410
p. 134

52 et 6. Musée Marsil du costume, du textile et de la fibre
349, rue Riverside
Saint-Lambert
(450) 923-6601
p. 136

19. JASS
Métro Longueuil
(514) 338-8727
p. 50

INFORMATION TOURISTIQUE

Association touristique régionale de la Montérégie
(450) 469-0069

Office du Tourisme du Suroît et de Salaberry-de-Valleyfield
(450) 377-7676; (800) 378-7648

La plage de
Saint-Timothée

La Voie maritime du Saint-Laurent consiste en une série de canaux, écluses et digues, conçus pour contourner ou apaiser les nombreux rapides entre les Grands Lacs et Montréal. Le canal de Beauharnois, au sud de l'île de Valleyfield et un peu à l'ouest de Montréal, en est un des principaux éléments. En 1959, alors que s'achevait la construction du canal, le maire de Saint-Timothée se rendit compte que la rive de sa ville était en danger: les deux canaux et les nombreux barrages de la région menaçaient d'assécher le secteur.

Trois maires acharnés et 40 ans plus tard, le Parc régional des îles de Saint-Timothée est devenu réalité. Les îles, jadis au milieu de redoutables rapides, baignent maintenant dans des eaux calmes. Le parc offre une plage familiale et des sentiers dans un environnement tranquille et attrayant, avec de beaux points de vue sur les îles.

Deux petits ponts, l'un pour les autos, l'autre pour les piétons, relient la ville à l'île Papineau, la plus grande du parc. Du stationnement, un agréable sentier qui longe la rive mène à la plage en cinq minutes. Si vous êtes lourdement chargé, prenez l'ancienne navette d'Expo 67, récemment acquise par le parc. Pour les cyclistes et les patineurs, une piste asphaltée de 2 km fait le tour du parc.

La plage forme un petit croissant de sable jaune qui descend en pente douce vers les eaux limpides du bassin. Trois surveillants assurent la sécurité d'une zone de baignade délimitée par des cordes et où la profondeur ne dépasse jamais 1 m 70. Derrière la plage s'étend un grand champ avec des tables de pique-nique, une aire de jeux et deux très grandes glissoires. On a aussi aménagé deux terrains de volley-ball de plage réglementaires sur le sable. Un dépôt en argent ou une carte d'identité est nécessaire pour emprunter un ballon.

Un très beau chalet de service doté d'une grande terrasse en bois surplombe la plage. On y trouve des toilettes, des vestiaires (sans compartiments à clé), un casse-croûte qui pratique des prix raisonnables et une exposition sur l'histoire du parc.

Le parc comporte deux zones de conservation. L'une s'étend entre la plage et le stationnement et est traversée par d'étroits sentiers. L'autre se trouve sur une deuxième île, plus petite, accessible par une gracieuse passerelle à arches et où il n'y a qu'un sentier dans la forêt au bord de l'eau. Des indications invitent à demeurer dans le sentier, mais cela va de soi car la végétation est peu accueillante.

De la pointe de l'île, on a une bonne vue du barrage de Saint-Timothée, qui règle l'écoulement des eaux du bassin. À l'ouest, une autre digue, reliée à l'île Juillet, règle l'arrivée des eaux. Cette digue et de nombreuses autres aèrent l'eau et lui procurent une qualité que l'on ne trouve habituellement que dans les lacs alimentés par des sources. Elles mettent toutefois la plage à la merci d'Hydro-Québec. Au printemps de 1999, le bassin était à sec en raison d'une grève, mais tout est rentré dans l'ordre depuis.

Certaines fins de semaine, des leçons de kayak sont offertes à des groupes de huit personnes. À la mi-juillet, des astronomes amateurs s'y réunissent pour un concours de construction de télescopes. Et au début d'août, 200 plongeurs participent à une chasse aux trésors, d'une valeur de 5 000 $, cachés dans le bassin.

Les contenants en verre sont interdits sur la plage et on ne peut manger que dans les aires de pique-nique. Les chiens sont acceptés, mais pas sur la plage ni sur les terrains de jeux. La plage, le parc et certains sentiers sont accessibles en fauteuil roulant.

240, rue Saint-Laurent, Saint-Timothée
(450) 377-1117

Horaire

De la mi-juin à la fête du Travail: en semaine, de 10 h à 17 h; la fin de semaine, de 10 h à 19 h. En juil.: tous les jours, de 10 h à 19 h.

Frais

Fin de semaine: adultes: 7 $; adolescents: 5 $; enfant: 3 $. Semaine: adultes: 5 $; adolescents: 4 $; enfants: 3 $. Kayak monoplace, pédalo biplace et canot: 5 $ pour 30 min; 9 $ l'heure. Kayak biplace, pédalo à 3 ou 4 places: 6 $ pour 30 min; 11 $ l'heure. Pédalo monoplace: 2 $ pour 30 min; 4 $ l'heure. Rabaska à 16 places: 18 $ pour 30 min; 30 $ l'heure.

Trajet

Auto: pont Mercier et route 132 Ouest jusqu'à Saint-Timothée. À Saint-Timothée, suivre les indications ou tourner vers le sud à la rue Saint-Laurent jusqu'à l'entrée du parc. Autobus: station Angrignon (ligne verte), puis autobus de Valleyfield (environ une heure). Pour l'horaire et les prix, voir page 142.

Parc archéologique
de la Pointe-du-Buisson
à Melocheville

Photo: Parc de la Pointe-du-Buisson

Pendant 5 000 ans, avant l'arrivée des Européens, la pointe du Buisson, péninsule boisée avançant dans les rapides du Saint-Laurent au sud-ouest de Montréal, a été habitée par les autochtones. Ils s'y reposaient quand ils faisaient du portage et ils venaient y pêcher l'esturgeon chaque été. Ils ont cessé de visiter l'endroit au XVe siècle, laissant derrière eux une mine de «souvenirs». L'endroit a maintenant été transformé en parc archéologique. On y trouve un centre d'accueil des visiteurs, un musée et des sentiers offrant une vue magnifique du Saint-Laurent.

Le centre d'accueil des visiteurs est situé à l'entrée du parc. Comme il fait également office de centre de recherche, peu de choses y sont exposées. Une maquette du parc et un ancien canot sauront toutefois occuper un peu les petits pendant que leurs parents examinent dépliants et cartes. À l'orée de la forêt, une douzaine de tables et une terrasse de bois à l'ombre sont à la disposition des pique-niqueurs. Il y a également un casse-croûte.

Le musée est au bout de la péninsule, près du centre d'accueil des visiteurs. C'est un petit bâtiment de bois construit à flanc de colline. À l'intérieur, on présente l'histoire des peuples qui ont vécu dans la région de 3 000 av. J.-C. jusqu'à 1 400. Il y a de superbes dioramas des techniques de pêche. Les Amérindiens pêchaient l'esturgeon au moyen de filets en chanvre ou en se servant de filets et de harpons.

Les Amérindiens fumaient le poisson pour qu'il se conserve. Les fins de semaine d'été, il est justement possible de goûter à de l'esturgeon fumé. Il ne provient toutefois pas de la pointe, car la construction de la centrale hydroélectrique Beauharnois a mis un terme à la pêche.

Il y a aussi une superbe collection d'alênes, de tranchants et d'autres outils, accompagnés d'informations sur la façon dont les Amérindiens les fabriquaient. Ainsi, certains des tranchants étaient obtenus au moyen d'un procédé de taille par pression: on se servait d'un bois d'animal pour appliquer une forte pression sur les bords d'une pierre. Des feuilles s'en détachaient, qui étaient aussi tranchantes qu'une lame de couteau en acier.

Les fouilles archéologiques se font sur la large langue de terrain qui sépare le musée du fleuve. Les fosses font moins d'un mètre carré et le sous-sol rocheux est entre 15 et 30 cm de la surface. Cinq mille ans d'histoire se trouvent donc condensés en une mince couche rocheuse. C'est ce qui explique la richesse en artefacts de la péninsule; jusqu'à présent, on a en trouvé plus d'un million.

Il y a deux ou trois sentiers qui s'enfoncent dans la forêt. Le plus intéressant est le Chemin du Portage, qui comprend deux passerelles enjambant des ravins très profonds. Un conseil: n'oubliez surtout pas le chasse-moustiques avant de vous y aventurer en été!

Deux fins de semaine spéciales sont habituellement organisées à la fin de juillet et au début d'août. À l'occasion de la première – la journée du patrimoine amérindien –, on peut savourer de l'esturgeon fumé et du maïs rôti, assister à des danses traditionnelles, écouter des conteurs d'histoire, allumer un feu au moyen d'une pierre à feu ou apprendre à faire un masque. La deuxième est la journée de l'archéologie: on peut alors participer aux fouilles.

On peut accéder au parc et au musée en fauteuil roulant.

333, rue Émard
(514) 429-7857

Horaire
De la mi-mai à la fête du Travail: du lun. au ven.: de 10 h à 17 h; sam. et dim.: de 10 h à 18 h. De la fête du Travail à l'Action de grâces: sam. et dim.: de midi à 17 h.

Frais
Adultes: 4$; aînés: 3$; enfants: 2$.

Trajet
Auto: Pont Mercier, puis route 132 Ouest. Autobus: station Angrignon (ligne verte), puis autobus de Valleyfield (environ 40 minutes). Pour l'horaire et les prix, voir page 143.

50

Pow-wow
amérindiens
à Kahnawake et à Kanesatake

Tous les ans, pendant la fin de semaine la plus rapprochée du 11 juillet – date anniversaire de la crise d'Oka –, les Mohawks de Montréal convient les autochtones et les non-autochtones à leurs pow-wow, fêtes traditionnelles de danse et de musique. Le pow-wow de **Kahnawake** propose quelques-unes des meilleures compétitions de danse en Amérique du Nord; celui de Kanesatake conviendra davantage à ceux qui recherchent une atmosphère moins agitée.

Il y a quelque 500 pow-wow qui se tiennent en Amérique du Nord; celui de Kahnawake, sur l'île Tekakwitha, connaît la progression la plus rapide. Les gradins sont bondés, et il ne reste que des places debout pendant les compétitions, pendant lesquelles des concurrents venus de tout le continent se disputent une bourse totale de 30 000$.

Le pow-wow dure deux jours; il y a toutes sortes de danses traditionnelles, dont la danse libre, la danse des clochettes et la danse des herbes sacrées. Certains des concurrents ont l'air redoutable dans leur costume à plumes et sous le maquillage noir. Ceux qui participent à la danse libre font preuve d'un grand synchronisme, ils arrivent à faire correspondre exactement leurs derniers pas avec le dernier coup de tambour. Quand à la danse des herbes sacrées, elle évoque les efforts des ancêtres qui étouffaient les feux d'herbe avec leurs pieds.

À compter de 9 h le samedi, la grande vente d'œuvres d'art et d'artisanat commence. On peut aussi goûter, aux quelque 50 stands d'alimentation, à des mets exotiques tels les hamburgers au bison et le saumon micmac. À midi, c'est le «grand défilé», qui signale officiellement le début du pow-wow. On y voit, scène impressionnante, les anciens qui circulent avec leur bâton de commandement garni de plantes médicinales et de plumes. À 19 h, on abaisse les drapeaux pour signifier la fin de la journée.

Le pow-wow de **Kanesatake** se tient la même fin de semaine, mais a un caractère plus traditionnel. Des Amérindiens du Canada, des États-Unis et de pays aussi éloignés que l'Équateur viennent y rendre hommage au Créateur. Les spectacles de danse sont superbes. On peut même prendre part à l'action pendant les danses inter-tribales. À quelle occasion est-il possible de danser aux côtés d'un guerrier mohawk en costume?

C'est sous une espèce de pergola, à l'abri de branches de cèdre aux vertus médicinales, que sont réunis ceux qui chantent et jouent du tambour. Un anima-teur explique la signification de chacune des danses. Le vendredi précédant le pow-wow, on organise un défilé spécial qui part d'Oka, franchit la célèbre pinède et se ter-mine à l'endroit où se tient l'événement.

Des gradins sont aménagés, mais il peut être sage d'apporter une couverture ou une chaise de jardin et un parasol. Il y a moins de stands d'alimentation et d'artisanat à Kanesatake, mais on peut tout de même y goûter à des mets succulents, dont une soupe au maïs. Ceux qui veulent passer la fin de semaine sur les lieux peuvent apporter leur tente. Enfin, on peut faire une belle petite promenade dans l'aire de camping.

KAHNAWAKE
(450) 632-8667

Horaire
La fin de semaine la plus rapprochée du 11 juil.: de 9 h à 19 h (la danse débute à 13 h).

Frais
Adultes: 8 $; jeunes de 13 à 17 ans: 4 $; aînés et enfants de 6 à 12 ans: 3 $; moins de 6 ans: gratuit.

Trajet
Auto: Pont Mercier, puis route 138. Suivre les indications. Autobus: station Bonaventure (ligne orange), puis auto-bus CIT Rousillon. Pour l'horaire et les prix, voir page 144.

KANESATAKE
(450) 479-8881

Horaire
La fin de semaine la plus rapprochée du 11 juil.: de 10 h jusqu'en fin de soirée.

Frais
6 $; aînés et enfants de moins de 12 ans: gratuit.

Trajet
Autoroute 15 Nord (autoroute des Laurentides) jusqu'à l'autoroute 640. Autoroute 640 Ouest jusqu'au bout. Route 344 jusqu'à Kanesatake, en pas-sant par Oka.

51

Musée
ferroviaire canadien
de Saint-Constant

Monter à bord d'un tramway ou d'un train diesel, ou encore envoyer un message par télégraphe sont choses possibles au Musée ferroviaire canadien. Y sont exposés les locomotives et wagons les plus anciens, les plus récents, les plus gros et les plus petits. Tout ce qui roule sur rails s'y trouve: fourgons de queue, voitures de voyageurs, tramways, etc. – au total, plus de 120 véhicules. Le Musée loge dans deux grands hangars; on peut donc y passer une belle journée, même quand il pleut.

Il y a au Musée l'un des tramways qui sillonnaient autrefois la rue Sainte-Catherine. Après avoir retiré du service les derniers tramways, la Ville de Montréal les a tous transportés (il y en avait 200) dans un champ du nord de l'île pour les faire brûler. C'est à la toute dernière minute qu'on a décidé d'épargner celui qui est maintenant au Musée: c'est qu'il porte le numéro 1959, année où les tramways ont cessé de circuler à Montréal.

Le premier tramway à boîte de perception au monde, mis en service à Montréal en 1925, fait également partie de la collection, tout comme le

wagon-école, une invention canadienne. De 1927 à 1967, on se servait de ce genre de wagon dans les villes situées sur les lignes ferroviaires du nord

de l'Ontario. Chaque train-école était formé de deux wagons équipés d'une cuisine, d'un séjour et d'une salle de classe de 15 places (dès qu'un village comptait au moins 16 enfants d'âge scolaire, il était autorisé à faire construire une école). Le train était garé pendant les cours, mais se déplaçait chaque semaine. Les élèves n'avaient qu'une semaine de classe par mois.

La Dominion of Canada, construite en 1937, est une locomotive à vapeur qui sort de l'ordinaire, tant par son profil aérodynamique que par ses couleurs vives. On l'avait conçue pour qu'elle soit rapide, et elle l'était: en 1939, elle a fracassé un record mondial en atteignant la vitesse de 200 km/h. Le «passage secret» du long de la chaudière attirera sûrement les enfants. La légende veut que, si l'on tend l'oreille, on puisse y entendre le fantôme qui vit à l'intérieur...

Le Golden Chariot, tramway à ciel ouvert aux sièges très ouvragés, aux dorures métalliques et aux boiseries jaune pastel est remarquable. À une époque où l'on pouvait acheter sept billets pour 25 ¢, il fallait débourser 50 ¢ pour faire une visite de Westmount et du mont Royal à bord du Golden Chariot...

Et que dire de la locomotive Selkirk 5935? Elle a été construite en 1949, alors qu'on s'affairait à remplacer les locomotives à vapeur par des modèles diesels-électriques. Le Canadien Pacifique voulait avoir la plus grosse locomotive au monde. L'objectif a été atteint avec la Selkirk: 10 m de haut, 30 m de long et 365 tonnes – un monstre!

Les dimanches d'été, la John Molson, réplique noir, rouge et laiton d'une locomotive à vapeur construite en 1849 prend le départ au début de l'après-midi. On commence à en attiser le feu le matin, car il faut quatre heures avant que la pression de la chaudière soit suffisante pour faire fonctionner le moteur.

Le dimanche, il est aussi possible de faire un parcours à bord d'une locomotive diesel ou d'envoyer un vrai télégramme depuis la gare Barrington, construite en 1882.

122A, rue Saint Pierre
(450) 632-2410

Horaire

De la mi-mai à la fête du Travail: de 9 h à 17 h.

Frais

Adultes: 6 $; étudiants: 3,50 $; aînés: 5 $; enfants de 5 à 12 ans: 3 $; moins de 4 ans: gratuit.
Les prix sont moins élevés la semaine.
Forfaits familiaux.

Trajet

Auto: Pont Mercier, puis sortie La Prairie. Route 132 Est. Au cinquième feu de circulation, tourner à droite et suivre la route 209 Sud. Le Musée est juste avant la voie ferrée, à gauche. Autobus: station Bonaventure (ligne orange), puis autobus CIT Rousillon 160. Pour l'horaire et les prix, voir page 144.

Le musée Marsil
du costume, du textile
et de la fibre
de Saint-Lambert

Photo: Pierre-Oner Castonguay

Voilà un musée dont le nom est presque aussi étendu que les locaux! Il est en effet situé dans une maison historique en pierres des champs qui serait jugée petite, de nos jours: il n'y a qu'une pièce à chaque étage. Pourtant, elle convient parfaitement à ce musée; on ne s'y sent pas coincé entre les présentoirs, et l'endroit est assez grand pour qu'on puisse y présenter de belles expositions préparées avec beaucoup de minutie. Selon le thème de l'exposition, vous y verrez peut-être les costumes d'une grande pièce de théâtre, ou encore une collection de vêtements à la mode. De plus, des activités sont toujours prévues pour les petits, le dimanche après-midi.

La maison date de 1750; c'est l'une des premières à avoir été construite à Saint-Lambert. Elle est très caractéristique de l'époque: avant-toit en forme de cloche qui avance au-dessus de l'entrée et lucarnes qui découpent le toit (les lucarnes étaient populaires en ce temps-là: elles rendaient habitable ce que l'on déclarait n'être qu'un grenier, tout au moins à l'impôt foncier...).

La maison a fait l'objet de nombreuses rénovations, mais les larges planches du plancher et les poutres sont celles d'origine. Et bien qu'il ne soit qu'à deux pas de l'autoroute 20, le musée offre l'ambiance chaleureuse et paisible d'une maison de campagne. Des familles y ont d'ailleurs habité au début du siècle.

Au musée, on considère que les vêtements ont un caractère d'universalité, qu'ils sont non seulement l'expression de goûts personnels, mais aussi des témoins des valeurs politiques, économiques et culturelles des peuples. Ainsi, l'exposition *Les trames de la culture: Costumes et textiles du monde* nous montrait les similitudes entre un amauti inuit, immémorial, et un tailleur Christian Dior des années 1950. De même, elle faisait ressortir les ressemblances entre le vêtement de Gandhi et les manteaux gris à capuchon, en étoffe du pays, que portaient les Patriotes en 1837...

Souvent, les vêtements présentés sont exceptionnels et très rares. Une robe de bal victorienne, parée de centaines de perles, y a déjà été exposée. Le musée reste tout de même de son temps: durant l'exposition *Le look des jeunes*, en 1996, on invitait des élèves du primaire à faire temporairement don de leur vêtement préféré...

Petit musée au vaste rayonnement que le musée Marsil: la plupart des expositions sont organisées en collaboration avec plusieurs établissements, dont le Museum for Textiles, à Toronto, le Musée McCord d'histoire canadienne, à Montréal, et le Musée canadien des civilisations, à Hull. Les résultats sont toujours probants. Ceux qui visiteront le musée à diverses reprises remarqueront combien les expositions changent d'une fois à une autre.

Fort de son excellente réputation, le musée Marsil est souvent l'hôte d'expositions itinérantes. En 1995, par exemple, on y a présenté une exposition comprenant notamment les 20 plus belles courtepointes au pays, tant dans les styles traditionnel que moderne. C'était la première fois que cette exposition, commanditée par Rodman Hall, de St. Catherines, en Ontario, était présentée au Québec.

Le musée peut accueillir des groupes d'étudiants; des activités sont toujours prévues pour les enfants. Les ateliers du dimanche (de 14 h à 16 h) sauront plaire aux enfants de tous âges. À ne pas rater: les ateliers spéciaux de Noël, qui se tiennent au début de décembre.

379, rue Riverside
(450) 671-3098

Horaire
Du mar. au ven.: de 10 h à 16 h;
du sam. au dim.: de 13 h à 16 h.
Fermé entre les expositions.

Frais
Adultes: 2 $; étudiants et aînés: 1 $;
moins de 12 ans: gratuit.

Trajet
Pont Champlain (voie de droite), puis autoroute 20 Est vers Longueuil jusqu'à la sortie 6. Le musée est à l'angle des rues Riverside et Notre-Dame. Autobus: station Longueuil (ligne jaune), puis autobus 6, 13 ou 15 qui roulent sur Riverside jusqu'à Notre-Dame.

Informations supplémentaires

Les cafés-studios, ou la peinture sans éclaboussures (p. 16)

CAFÉ ART FOLIE — NOTRE-DAME-DE-GRÂCE

5511, ave Monkland, (514) 487-6066
Horaire: Du mar. au ven.: de 12 h à 23 h; le sam.: de 11 h à minuit; le dim.: de 11 h à 18 h.
Frais: Adultes: 8 $ la première heure, 4 $ l'heure par la suite; moins de 12 ans et aînés: 5 $ la première heure, 4 $ l'heure par la suite.
Trajet: Station Villa-Maria (ligne orange). Autobus 162 jusqu'à la rue Girouard, ou se diriger vers l'ouest ave Monkland.

CAFÉ ART FOLIE — LE «WEST ISLAND»

3339C, boul. Des Sources (angle Centennial) (514) 685-1980
Horaire: Du mar. au ven.: de 12 h à 22 h; le sam.: de 10 h à 22 h; le dim.: de 10 h à 18 h.
Frais: Adultes: 8 $ la première heure, 4 $ l'heure par la suite; moins de 12 ans et aînés: 5 $ la première heure, 4 $ l'heure par la suite.
Trajet: Station Côte-Vertu (ligne orange); autobus 215 jusqu'à l'intersection Brunswick et Des Sources; se diriger vers le sud (franchir le stationnement).

LA POTERIE

450B, boul. Beaconsfield (angle Saint-Louis), Beaconsfield, (514) 697-8187
Horaire: Du jan. à juin: de lun. au sam.: de 10 h à 18 h; le dim.: de 12 h à 17 h. Été: le lun.: de 10 h à 16 h; de mar. au sam.: de 10 h à 19 h. D'oct. à Noël: de lun. au dim.: de 10 h à 18 h; le jeu.: de 10 h à 19 h.
Frais: Adultes: 7,50 $ la première heure, 4,50 $ l'heure ensuite; enfants: 4,50 $ l'heure.
Trajet: Station Lionel-Groulx (ligne orange ou verte); autobus 211, jusqu'à l'avenue Saint-Louis.

CERAMIC CAFÉ

4201B, rue Saint-Denis (angle Rachel) (514) 848-1119
Horaire: Du lun. au mer.: de 11 h à 23 h; le jeu.: de 11 h à 24 h; le ven.: de 11 h à 1 h; le sam.: de 10 h à 1 h; le dim.: de 10 h à 22 h.
Frais: Adultes: 7 $ la première heure, 6 $ l'heure ensuite; enfants: 5 $ la première heure, 4 $ l'heure ensuite.
Trajet: Station Mont-Royal (ligne orange); se diriger vers le sud rue Saint-Denis.

Karting intérieur (p. 18)

F1 INDOOR KARTING

1755, boul. Fortin, Laval (450) 629-2121
Horaire: Du lun. au jeu.: de 12 h à 23 h; les ven. et sam.: de 12 h à 1 h.
Frais: Abonnement: 5 $; course: 12 $ avant 19 h, 15 $ par la suite. Réservé aux 18 ans et plus (les 16 ans et plus sont admis s'ils sont accompagnés d'un parent la première fois.)
Trajet: Station Henri-Bourassa (ligne orange); autobus 60 (Saint-Martin) jusqu'au boul. Industriel (au passage inférieur).

CIRCUIT 500

5592, rue Hochelaga, (514) 254-4244
Horaire: Ouvert 24 h.
Frais: Abonnement: 8 $; course: non-membres 16 $, membres 12 $. Réservé aux 14 ans et plus.
Trajet: Station L'Assomption (ligne verte). Rue L'Assomption vers le sud, puis rue Hochelaga vers l'est jusqu'à la rue Dickson, ou autobus 22 depuis le métro.

CIRCUITS IN-KART

7852, ave Champlain, LaSalle, (514) 365-6665
Horaire: Du lun. au jeu.: de midi à minuit, ven.: de midi à 1 h, sam.: 11 h à 1 h; dim: de 11 h à 23 h.
Frais: Abonnement: 8 $; course: 16 $. Réservé aux 16 ans et plus.
Trajet: Station Angrignon (ligne verte); autobus 110 depuis le métro jusqu'à Place LaSalle.

sur les destinations

Des ateliers pour vos petits mousses (p. 22)

CENTRE CANADIEN D'ARCHITECTURE
1920, rue Baile, (514) 939-7026
Sur réservation.
Horaire: Les sam. et dim., dans le cadre des expositions; l'horaire varie.
Frais: Adultes: 4 $; enfants: 2 $ (peut varier selon l'exposition).
Trajet: Station Atwater (ligne verte), autobus 15 (Sainte-Catherine) jusqu'à la rue du Fort ou la rue Saint-Marc. Le musée est au sud. Autre option: station Guy-Concordia (ligne verte) autobus 150 (René-Lévesque) jusqu'à la rue du Fort ou la rue Saint-Marc. Le musée est au nord.

MUSÉE DES BEAUX-ARTS DE MONTRÉAL
1379, rue Sherbrooke Ouest
(514) 285-1600, poste 135 ou 136
Premier arrivé, premier servi.
Horaire: Les dim.: de 12 h 30 à 16 h 30 (ateliers de 45 min).
Frais: Gratuit.
Trajet: Station Guy-Concordia (ligne verte). Marcher vers le nord jusqu'à la rue Sherbrooke, puis vers l'est jusqu'au musée. Les ateliers se tiennent au 4e étage du nouvel immeuble.

MUSÉE REDPATH
845, rue Sherbrooke ouest
(514) 398-4086, poste 4092
Réservations téléphoniques (de 9 h à 12 h, le jeudi).
Horaire: De la fin sept. à la mi-mai: le dim.: de 14 h à 15 h 30 (pour les 4 à 7 ans) et de 15 h 30 à 16 h 30 (pour les 8 à 12 ans).
Frais: Enfants: 5 $ (maximum de 2 enfants par adulte).
Trajet: Station McGill (ligne verte), sortie avenue McGill-College. Avenue McGill-College nord jusqu'au campus. Route de gauche au premier embranchement; premier immeuble sur la droite.

MUSÉE D'ART CONTEMPORAIN
185, rue Sainte-Catherine Ouest
(514) 847-6253
Horaire: Le dimanche: toutes les heures entre 13 h et 16 h.
Frais: Adultes: 6 $; enfants de 12 ans et plus: 3 $; moins de 12 ans: gratuit.
Trajet:
Station Place-des-Arts (ligne verte), sortie Place-des-Arts; emprunter le couloir qui mène au Musée.

LE MUSÉE MARSIL DU COSTUME, DU TEXTILE ET DE LA FIBRE
379, rue Riverside, Saint-Lambert
(450) 923-6601
Horaire: Le dim.: de 14 h à 16 h, pendant la plupart des expositions.
Frais: Adultes: 2 $; enfants: 1 $.
Trajet: Station Longueuil (ligne jaune); autobus 6, 13 ou 15 (Riverside) jusqu'à la rue Notre-Dame.

Complètement accro à l'escalade en salle (p. 44)

ALLEZ-UP
1332, rue Shearer (angle Saint-Patrick)
(514) 989-9656
Horaire: Les lun. et mar.: de 16 h à 23 h; mer.: de 14 h à 23 h; jeu. et ven.: de 12 h à 23 h; sam. et dim.: de 9 h à 21 h.
Frais: Initiation (1 h à 2 h): 35 $; accréditation: 5 $; entrée: 11 $; matériel: 7,50 $; escalade gratuite pour les femmes le lun. soir; deux pour un le ven.
Trajet: Station Charlevoix (ligne verte). Rue Charlevoix vers le sud, puis rue Saint-Patrick vers l'est jusqu'à la rue Shearer.

CÉGEP ANDRÉ-LAURENDEAU
111, rue Lapierre (angle La Vérendrye)
(514) 364-3320, poste 249
Horaire: Du lun. au ven.: de 17 h 30 à 22 h 30; les sam. et dim.: de 10 h à 17 h 30.
Frais: Initiation (2 h): 35 $; accréditation: 12 $; entrée: 9 $; matériel: 6 $.
Trajet: Station Angrignon (ligne verte). Autobus 113 jusqu'à la rue Lapierre. Rue Lapierre vers le nord.

CEPSUM, UNIVERSITÉ DE MONTRÉAL

2100, boul. Édouard-Montpetit (angle Vincent-d'Indy), (514) 343-6150/(514) 343-6993
Horaire: Du lun. au ven.: de 6 h 15 à 23 h 30; les sam. et dim.: de 8 h 30 à 23 h. Plage horaire réduite en saison estivale.
Frais: Initiation (8 h sur 2 jours): 125 $; accréditation: 19 $; entrée: 9 $; matériel: 4,50 $.
Trajet:
Station Édouard-Montpetit (ligne bleue). Emprunter le couloir qui mène au CEPSUM.

ACTION DIRECTE

4377, boul. Saint-Elzéar Ouest (angle Curé-Labelle), (450) 688-0515
Horaire: Du lun. au ven.: de 5 h à 23 h; le sam.: de 9 h à 22 h; le dim.: de 9 h à 23 h.
Frais: Initiation (de 1 h à 3 h): 35 $; accréditation: 4 $; entrée: non-membre: 9 $; matériel: 5 $.
Trajet: Station Henri-Bourassa (ligne orange). Autobus 51, 53 ou 70 vers le nord jusqu'au boul. Saint-Élzéar. Boul. Saint-Elzéar Ouest jusqu'au bout.

CENTRE D'ESCALADE HORIZON ROC

2350, rue Dickson (angle Hochelaga)
(514) 899-5000
Horaire: Du lun. au ven.: de 10 h à 15 h (groupes seulement) et de 17 h à 23 h 30; le sam.: de 9 h 30 à 18 h; le dim.: de 9 h 30 à 17 h.
Frais: Initiation (3 h): 40 $; accréditation: 9 $; abonnement: 25 $ par année; entrée: 11,50 $; matériel: 8,50 $.
Trajet: Station L'Assomption (ligne verte). Rue L'Assomption vers le sud, puis rue Hochelaga vers l'est jusqu'à la rue Dickson (ou autobus 31 depuis le métro).

Les plus beaux points de vue du Vieux-Montréal (p. 56)

CHAPELLE NOTRE-DAME-DE-BON-SECOURS

450, rue Saint Paul Est, (514) 282-8670

Horaire: Chapelle: de 10 h à 17 h, du mar. au dim.; seulement le dim. quand le musée est fermé. Musée: de mai à oct.: de 10 h à 17 h: du mar. au dim.; de la mi-mars à la fin avr. et de nov. à la mi-jan.: de 11 h à 15 h 30; fermé de la mi-jan. à la mi-mars. Site archéologique (réservations obligatoires): du jeu. au dim.: 14 h (visite en anglais) et 15 h (en français). Maximum de 7 personnes par groupe.
Frais: Chapelle: gratuit. Musée et Tour: adultes: 5 $, aînés et étudiants: 3 $, enfants (de 6 à 12 ans): 2 $. Site archéologique: 8 $ (entrée au musée incluse).
Trajet: Station Champ-de-Mars (ligne orange), sortie Saint-Antoine sud. Marcher rue Gosford vers le sud, puis rue Saint-Paul vers l'est jusqu'à la chapelle.

TOUR ET QUAI DE L'HORLOGE

(à pied depuis la place Jacques-Cartier).
(514) 496-PORT (7678)
Horaire: Du 1er mai à la mi-mai: les sam. et dim.: de 10 h à 19 h; de la mi-mai à la fête du Travail: tous les jours, de 10 h à 21 h.
Frais: Gratuit.
Trajet: Station Champ-de-Mars (ligne orange), sortie Saint-Antoine sud. Marcher rue Gosford vers le sud, puis rue Saint-Paul vers l'est, puis rue Bonsecours vers le sud.

CROISIÈRES AML (TRAVERSIERS)

Quai Jacques-Cartier (à l'extrémité de la rue Saint-Laurent).
(514) 281-8000
Horaire: Longueuil: de la dernière fin de semaine de mai au 24 juin et de la fête du Travail à la mi-oct.: de 10 h 35 à 19 h 35, les sam. et dim. Du 24 juin à la fête du Travail: de 10 h 35 à 18 h 35, du lun. au jeu.; de 9 h 35 à 22 h 35, du ven au dim. Île Sainte-Hélène: De la dernière fin de semaine de mai au 24 juin et de la fête du Travail à la mi-oct.: de 10 h 35 à 19 h 10, les sam. et dim. Du 24 juin à la fête du Travail: de 10 h 35 à 19 h 10, du lun. au jeu.: de 9 h 35 à 23 h 10, du ven. au dim. Les départs des deux traversiers ont lieu une fois l'heure.

Frais: Longueuil: 3,50 $. Île Sainte-Hélène: 3 $. Pour les 2 traversiers: 8 billets pour 20 $, pas de frais pour les enfants de moins de 6 ans (un enfant par adulte) et les vélos. Tous les billets sont des allers simples.

Trajet: Station Champ-de-Mars (ligne orange), sortie Saint-Antoine sud. Marcher rue Gosford vers le sud, puis rue Notre-Dame vers l'ouest jusqu'à la place Jacques-Cartier et traverser la place jusqu'au quai Jacques-Cartier.

Des enfants heureux dans le Vieux-Montréal (p. 64)

Vieux-Port de Montréal: (514) 496-PORT (7678). *MayaVentura:* (514) 869-9919. *IMAX:* (514) 496-IMAX (4629). *Quadricycles:* (514) 849-9953. *Pédalos:* (514) 282-0586. *Vélo Aventure:* (514) 847-0666. *La Cerf-Volanterie:* (514) 845-7613.

Horaire: Les heures d'ouverture sont plus longues en été et varient selon le temps. *MayaVentura:* du 19 juin à la fête du Travail: de 10 h à 23 h 30. *IMAX:* toute l'année; appeler pour connaître l'horaire. *Quadricycles:* de mai à nov., seulement les fins de semaine après la fête du Travail. *Pédalos:* de juin à la fête du Travail, de 12 h à 21 h (23 h 30 les fins de semaine); en mai et sept., seulement les fins de semaine. *Vélo Aventure:* du 1er avril au 31 oct.: de 9 h à 21 h. *Démonstrations de cerfs-volants:* les fins de semaine: de 13 h à 16 h.

Frais: *MayaVentura:* adultes: 11,95 $; de 13 à 17 ans: 9,95 $; de 4 à 12 ans: 7,95 $; aînés: 7,95 $. Tarif familial sur demande. *IMAX:* adultes: 12,50 $; aînés: 10,50 $; de 13 à 17 ans: 10,50 $; de 4 à 12 ans: 8,50 $; famille (2 adultes, 2 enfants ou 1 adulte, 3 enfants): 37,75 $. *Quadricycles:* adultes: 5 $; de 6 à 12 ans: 4,20 $ (pour 30 minutes). *Pédalocation du Vieux-Port* (pédalos): adultes: 5 $; de 6 à 12 ans: 4 $ (pour 30 minutes). Famille (2 adultes, 2 enfants): 15 $. *Vélo Aventure:* patins à roues alignées: 9 $ pour la première heure, 4,50 $ pour chaque heure supplémentaire, tout équipement protecteur compris. Vélo: 7 $ l'heure; 22 $ la journée. Prix réduits en semaine.

Trajet: Station Champ-de-Mars (ligne orange), sortie Saint-Antoine sud. Marcher rue Gosford vers le sud, tourner à gauche à la rue Notre-Dame vers la place Jacques- Cartier. Ou station Place-d'Armes (ligne orange), sortie Saint-Urbain. Marcher rue Saint-Urbain (puis Saint-Sulpice) vers le sud jusqu'à la rue de la Commune.

Parc-nature du Cap-Saint-Jacques (p. 74)

20 099, boul. Gouin Ouest (Pierrefonds) *Chalet d'accueil:* (514) 280-6871. *Ferme écologique:* (514) 280-6743. *Vieux château* (près de la plage): (514) 620-4025. *Réseau des parcs-nature de la CUM:* (514) 280-PARC (7272).

Horaire: *Chalet d'accueil:* du 1er mai à la mi-juin et du 1er sept. au 31 oct.: de 10 h à 17 h; de la mi-juin à la fin août: de 10 h à 19 h; de la mi-déc. à la mi-mars: de 9 h 30 à 17 h. *Ferme écologique:* du 1er mai au 24 juin et de la fête du Travail au 31 oct.: de 8 h 30 à l6 h 30; du 24 juin au 6 sept.: en semaine: de 8 h 30 à l6 h 30; la fin de semaine: de 8 h 30 à 18 h. L'hiver: de 9 h à 17 h. *Vieux château:* de la mi-juin à la dernière fin de semaine d'août: en semaine: de 11 h à 16 h; la fin de semaine de 11 h à 17 h; de la mi-déc. à la mi-mars: en semaine: de 11 h à 17 h; la fin de semaine: de 10 h à 17 h. *Plage:* de la mi-juin à la dernière fin de semaine d'août: de 10 h à 19 h.

Frais: Stationnement: 4 $ par jour (accès à tous les parcs). Location de canots, kayaks et pédalos (de la mi-juin à sept.): 8 $ l'heure. Plage: adultes: 4 $; enfants de 6 à 13 ans: 3 $; aînés (60 ans et plus): 3 $. Après 17 h: demi-tarif.

Trajet: En voiture: autoroute 40 Ouest jusqu'à la sortie 49 (chemin Sainte-Marie); chemin Sainte-Marie vers l'ouest, chemin de l'Anse-à-l'Orme vers le nord jusqu'au boul. Gouin, boul. Gouin vers l'est jusqu'à l'entrée. En autobus: station Côte-Vertu (ligne orange), puis autobus 64 jusqu'au terminus de Cartierville et autobus 68 jusqu'à l'entrée.

Champs, ruisseau et forêt de bois franc au parc-nature du Bois-de-Liesse (p. 86)

9432, boul. Gouin Ouest
Maison Pitfield (location de vélos):
(514) 280-6729.
Chalet d'accueil des Champs: (514) 280-6678.
Maison de la Découverte: (514) 280-6829.
Réseau des parcs-nature de la CUM:
(514) 280-PARC (7272).
Horaire: *Parc:* toute l'année: du lever au coucher du soleil. *Maison Pitfield:* du 1er mai au 31 oct.: de 11 h à 16 h, du lun. au jeu.; de 10 h à 17 h, du ven. au dim.; de la mi-déc. à la mi-mars: en semaine: de 10 h 30 à 16 h 30; la fin de semaine: de 9 h 30 à 16 h 30.
Chalet d'accueil des Champs: du 1er au 30 mai et du 30 août au 31 oct.: de 10 h 30 à 17 h 30; du 31 mai au 29 août: de 11 h 30 à 18 h 30.
L'hiver, les heures d'ouverture dépendent des conditions météorologiques.
Frais: Stationnement: 4 $ par jour (accès à tous les parcs). Location de vélos (de mai à octobre): 4 $ ou 6 $ l'heure, 6 $ à 9 $ pour deux heures, selon le modèle.
Trajet: En voiture: prendre l'autoroute 20 ou l'autoroute 40 Ouest jusqu'à l'autoroute 13. Autoroute 13 Nord jusqu'à la sortie 8 (boul. Gouin). *Maison Pitfield:* tourner à gauche sur le boul. Gouin. L'entrée se trouve à 100 m sur la gauche. *Péninsule:* tourner à droite sur le boul. Gouin, puis tout de suite à gauche pour entrer dans le parc. *Champs:* tourner à gauche sur le boul. Gouin, à gauche sur Pitfield, à droite sur Cypihot, puis encore à droite sur Douglas B. Floreani, jusqu'à l'entrée du parc.
En autobus: *Maison Pitfield:* station Côte-Vertu (ligne orange), autobus 64 jusqu'au terminus de Cartierville (angle Gouin et Grenet), puis autobus 68 vers l'ouest jusqu'à l'entrée. Ou station Henri-Bourassa (ligne orange), autobus 69 vers l'ouest jusqu'au terminus de Cartierville, puis autobus 68. *Champs:* station Henri-Bourassa (ligne orange). Autobus 164 vers l'ouest jusqu'à l'intersection Henri-Bourassa et Marcel-Laurin. Correspondance pour l'autobus 215 vers l'ouest sur Henri-Bourassa jusqu'à Douglas B. Floreani. Marcher vers le nord sur Floreani jusqu'à l'entrée.

HORAIRE DES AUTOBUS DE LA RIVE-SUD

La plage de Saint-Timothée (p. 128)

Le parc archéologique de la Pointe-du-Buisson (p. 130)

Le service d'autobus jusqu'à Saint-Timothée et au parc archéologique de la Pointe-du-Buisson (à Melocheville) est offert par le CITSO (Conseil Intermunicipal de Transport du Sud-Ouest). Les autobus partent de la station de métro Angrignon (ligne verte). Les billets sont disponibles à la station Angrignon et dans quelques dépanneurs des villages en question. La monnaie exacte est requise pour dépôt dans la boîte de perception. Tarifs réduits pour les personnes agées de 65 ans et plus ainsi que pour les étudiants sur présentation d'une carte d'identité émise par le CITSO.

Information: CITSO (514) 698-3030
Heures du bureau: de 8 h 30 à midi et de 13 h 15 à 17 h, de lun. au jeu.; de 8 h 30 à midi, le ven.
Tarifs pour Melocheville: adultes: 5,10 $; étudiants: 3,85 $; aînés 2,55 $; enfant de moins de 5 ans: gratuit, doit être accompagné d'un adulte. Saint-Timothée: adultes: 5,70 $; étudiants: 4,30 $; aînés 2,85 $; enfant de moins de 5 ans: gratuit, doit être accompagné d'un adulte.
Du lun. au ven.

Du lun. au ven.

Métro Angrignon	Melocheville	Saint-Timothée	Saint-Timothée	Melocheville	Métro Angrignon
06:30	07:17	07:28	05:22	05:33	06:21
07:45	08:32	08:42	06:32	06:43	07:31
08:15	09:02	09:13	07:02	07:13	08:01
09:50	10:35	10:46	08:27	08:36	09:42
11:10	11:55	12:06	10:02	10:12	10:59
12:40	13:25	13:36	11:37	11:47	12:34
14:20	15:05	15:16	12:57	13:07	13:54
15:50	16:37	16:48	14:37	14:47	15:34
16:40	17:27	17:38	16:07	16:17	17:04
17:20	19:07	18:18	16:42	16:53	17:39
17:50	18:37	18:48	17:37	17:48	18:36
18:45	19:30	19:41	18:42	18:53	19:37
19:50	20:35	20:46	20:32	20:42	21:29
21:55	22:40	22:51	22:32	22:42	23:29
23:40	00:25	00:36	23:38*	23:44*	00:29*
01:30*	02:15*	02:24*			
*le ven. seulement.					

Sam. et dim.
Les fins de semaine, l'autobus arrête en face du parc archéologique de la
Pointe-du-Buisson.

Métro Angrignon	Pointe-du-Buisson	Saint-Timothée	Saint-Timothée	Pointe-du-Buisson	Métro Angrignon
07:00	07:44	07:51	07:22	07:29	08:13
08:30	09:17	09:24	08:52	08:59	09:47
10:00	10:47	10:54	10:22	10:29	11:17
11:30	12:17	12:24	11:52	11:59	12:47
13:00	13:47	13:54	13:22	13:29	14:17
14:30	15:17	15:24	14:52	14:59	15:47
16:00	16:47	16:54	16:22	16:29	17:17
17:30	18:17	18:24	17:52	17:59	18:47
19:00	19:47	19:54	19:22	19:29	20:17
20:30	21:14	21:21	20:52	20:59	21:44
22:00	22:44	22:51	22:22	22:29	23:14
23:30	00:14	00:21	23:37	23:44	00:29
01:50*	02:34*	02:41*			
*Le sam. seulement.					

Pow-wow de Kahnawake (p. 132)

Il existe un autobus spécial du CITSO qui part de la station Angrignon (ligne verte) jusqu'au lieu du pow-wow, la fin de semaine en question. Voir ci-haut pour les heures d'ouverture du bureau du CITSO. Téléphonez à l'avance pour l'horaire.

Tarifs: adultes: 3,30 $; étudiants (18–24 ans, avec carte d'identité du CITSO): 2,50 $; enfants (6–13 ans): 1,65 $; étudiants (14–17 ans, avec carte d'identité du CITSO) 2,50 $; moins de 6 ans: gratuit.

Le Musée ferroviaire canadien (p. 134)

Le service d'autobus jusqu'au musée ferroviaire canadien (à Saint-Constant) est offert par le CIT (Conseil Intermunicipal de Transport) Rousillon. Les autobus partent de la station Bonaventure (ligne orange), 1000 de la Gauchetière, quai sud, porte 16. Les billets sont disponibles à bord de l'autobous.

Information (CIT Rousillon): (450) 638-2031 Heures du bureau: de 9 h à midi et de 13 h à 16 h 30, du lun. au jeu; de 9 h à midi et de 13 h à 15 h 30, le ven.

Tarifs: adultes: 4,50 $; étudiants et aînés (avec carte d'identité du CIT Rousillon): 3 $; moins de 12 ans: gratuit, doit être accompagnée d'un adulte.

Autobus	Place Bonaventure	Direction	Musée
du lun. au ven., du 21 juin au 13 août (1999)			
160	9 h10	→	9 h 50
160	12 h 10	←	11 h 35
160	4 h 45	←	4 h 05
Sam., dim. et congés fériés, du 19 juin à la mi-oct. (1999)			
160	9 h	→	9 h 40
160	5 h20	←	4 h 40

Attractions principales

Musées et beaux-arts

Centre canadien d'architecture
1920, rue Baile
(514) 939-7000
Métro: Guy-Concordia ou Georges-Vanier

Musée ferroviaire canadien
1230, rue Saint-Pierre
Saint-Constant et Delson
(450) 638-1522

Centre d'histoire de Montréal
335, place d'Youville
(514) 872-3207
Métro: Square-Victoria

Musée Château Ramezay
280, rue Notre Dame Est
(514) 861-3708
Métro: Champ-de-Mars

Cosmodôme
2150, autoroute des Laurentides
Laval
(450) 978-3600

Écomusée du Fier Monde
2050, rue Amherst
(514) 528-8444
Métro: Sherbrooke

Moulin Fleming
9675, boul. LaSalle
LaSalle
(514) 367-6486
Métro: Angrignon

Lieu historique national du Commerce-de-la-Fourrure-à-Lachine
1255, boul. Saint-Joseph
Lachine
(514) 637-7433
Métro: Angrignon – autobus 195

Galerie d'art Léonard et Bina Ellen
Université Concordia
1400, boul. de Maisonneuve Ouest
(514) 848-4750
Métro: Guy-Concordia

Maison Saint-Gabriel
2146, place Dublin
(514) 935-8136

Musée McCord d'histoire
690, rue Sherbrooke Ouest
(514) 398-7100
Métro: McGill

Musée des arts décoratifs
2200, rue Crescent
(514) 284-1252
Métro: Guy-Concordia

Musée des beaux-arts de Montréal
1379-80, rue Sherbrooke Ouest
(514) 285-1600
Métro: Guy-Concordia ou Peel

Musée d'art contemporain de Montréal
185, rue Sainte-Catherine Ouest
(514) 847-6226
Métro: Place-des-arts

Musée d'art de Saint-Laurent
615, ave Sainte-Croix
Saint-Laurent
(514) 747-7367

Musée des Hospitalières de l'Hôtel-Dieu de Montréal
201, ave des Pins Ouest
(514) 849-2919
Métro: Sherbrooke – autobus 144

Musée Marc-Aurèle-Fortin
118, rue Saint-Pierre
(514) 845-6108
Métro: Square-Victoria

Centre commémoratif de l'Holocauste
5151, chemin de la côte Sainte-Catherine
(514) 345-2605
Métro: Côte-Sainte-Catherine

Pointe-à-Callière
Musée d'archéologie et d'histoire de Montréal
350, Place Royale
(514) 872-9150
Métro: Place-d'Armes

Place des Arts
260, boul. de Maisonneuve Est
(514) 285-4270
Métro: Place-des-Arts

Musée Redpath
859, rue Sherbrooke Ouest
(514) 398-4086
Métro: McGill

Musée Sir-George-Étienne-Cartier
458, rue Notre-Dame Est
(514) 283-2283
Métro: Champs-de-Mars

Musée Stuart au fort de l'île Sainte-Hélène
Île Sainte-Hélène
(514) 861-6701
Métro: Île-Sainte-Hélène

Églises Principales

Cathédrale Christ Church
535, rue Sainte-Catherine Ouest
(514) 288-6421
Métro: McGill

Cathédrale Marie-Reine-du-Monde
Boul. René-Lévesque Ouest (coin Mansfield)
(514) 866-1661
Métro: Bonaventure

Basilique Notre-Dame
110, rue Notre-Dame
(514) 842-2925
Métro: Place-d'Armes

**Chapelle Notre-Dame-de-Bonsecours
(chapelle des marins)**
400, rue Saint-Paul Est
(514) 282-8670
Métro: Place-d'Armes

Oratoire Saint-Joseph
3800, chemin Queen Mary
(514) 733-8211
Métro: Côte-des-Neiges

Principales Attractions Touristiques

Centre Infotouriste
1001, carré Dorchester
(au sud de Sainte-Catherine, coin Metcalfe)
(514) 873-2015
Métro: Peel

Bureau de tourisme du Vieux-Montréal
174, rue Notre Dame Est
(nord-ouest, coin carré Jacques-Cartier)

Vieux-Port de Montréal
Quai Jacques-Cartier
(514) 283-5256 ou
496-PORT (7678)

Biodôme
4777, rue Pierre de Coubertin Ouest
(514) 868-3000
Métro: Viau

Biosphère
160, rue Tour-de-l'Île
Île Sainte-Hélène
(514) 283-5000
Métro: Île-Sainte-Hélène

Descente sur le Saint-Laurent
8912, boul. Lasalle
(514) 767-2230
(800) 324-RAFT (7238)

Cinéma Imax
Boul. Saint-Laurent. (angle de la Commune)
(514) 496-IMAX (4629)
Métro: Place d'Armes

Expéditions sur les rapides de Lachine
105, rue de la Commune Ouest
(514) 284-9607
Métro: Champs-de-Mars

La Ronde
Parc des Îles de Montréal
(514) 872-4537
Métro: Île-Sainte-Hélène

Jardin botanique
4101, rue Sherbrooke Est
(514) 872-1400
Métro: Viau

Insectarium
4101, rue Sherbrooke Est
(514) 872-1400
Métro: Viau

Parc olympique
4141, ave Pierre-de-Coubertin
(514) 252-8687
Métro: Viau

Planétarium
1000, rue Saint-Jacques
(514) 872-4530
Métro: Bonaventure
(sortie: de la Cathédrale)

Centre Molson
1260, rue de la Gauchetière Ouest
(514) 989-2873
(514) 285-4270
Métro: Bonaventure ou Lucien-l'Allier

Hôtels, auberges et Bed & Breakfast

Hôtels du centre-ville

Hôtel Le Reine Élizabeth
900, boul. René-Lévesque Ouest
Montréal (Québec), H3B 4A5
Métro: Bonaventure
Tél.: (514) 861-3511
Téléc.: (514) 954-2258
Sans frais: 1 800 441-1414

Le Centre Sheraton
1201, boul. René-Lévesque Ouest
Montréal (Québec), H3B 2L7
Métro: Bonaventure/Peel
Tél.: (514) 878-2000
Téléc.: (514) 878-2305
Sans frais: 1 800 325-3535

Montréal Marriott Château Champlain
1, place du Canada
Montréal (Québec), H3B 4C9
Métro: Bonaventure
Tél.: (514) 878-9000
Téléc.: (514) 878-6777
Sans frais: 1 800 228-9290

Hôtel Wyndham Montréal
1255, rue Jeanne-Mance, C.P. 130
Montréal (Québec), H5B 1E5
Métro: Place-des-Arts
Tél.: (514) 285-1450
Téléc.: (514) 285-1243
Sans frais: 1 800 361-8234
(Canada, É.-U.)

Radisson Hôtel des Gouverneurs
777, rue University
Montréal (Québec), H3C 3Z7
Métro: Square-Victoria
Tél.: (514) 879-1370
Téléc.: (514) 879-1761
Sans frais: 1 800 333-3333

Holiday Inn Montréal-Midtown
420, rue Sherbrooke Ouest
Montréal (Québec), H3A 1B4
Métro: Place-des-Arts
Tél.: (514) 842-6111
Téléc.: (514) 842-9381
Sans frais: 1 800 387-3042

Delta Montréal
450, rue Sherbrooke Ouest
Montréal (Québec), H3A 2T4
Métro: Place-des-Arts
Tél.: (514) 286-1986
Téléc.: (514) 284-4342 (clients), (514) 284-4306 (administration)
Sans frais: 1 800 268-1133

Hôtel du Parc
3625, ave du Parc
Montréal (Québec), H2X 3P8
Métro: Place-des-Arts
Tél.: (514) 288-6666
Téléc.: (514) 288-2469
Sans frais: 1 800 363-0735 (Canada et É.-U.)

Hilton Montréal Bonaventure
1, place Bonaventure
Montréal (Québec), H5A 1E4
Métro: Bonaventure
Tél.: (514) 878-2900
Téléc.: (514) 878-0028
Sans frais: 1 800 267-2575

Hôtel Inter-Continental Montréal
360, rue Saint-Antoine Ouest
Montréal (Québec), H2Y 3X4
Métro: Square-Victoria
Tél.: (514) 987-9900
Téléc.:(514) 987-9904 (administration), (514) 847-8550 (clients)
Sans frais: 1 800 361-3600
Télex: 05-24372

Hôtel Gouverneur Place Dupuis
1415, rue Saint-Hubert
Montréal (Québec), H2L 3Y9
Métro: Berri-UQAM
Tél.: (514) 842-4881
Téléc.: (514) 842-1584
Sans frais: 1 888 910-1111

Crowne Plaza Métro Centre
505, rue Sherbrooke Est
Montréal (Québec), H2L 4N3
Métro: Sherbrooke
Tél.: (514) 842-8581
Téléc.: (514) 842-8910
Sans frais: 1 800 2CROWNE (International), 1 800 561-4644 (Canada et É.-U.)

Hôtel Omni Montréal
1050, rue Sherbrooke Ouest
Montréal (Québec), H3A 2R6
Métro: Peel
Tél.: (514) 284-1110
Téléc.: (514) 845-3025
Sans frais: 1 800 843-6664

Hôtel Travelodge Montréal Centre
50, boul. René-Lévesque Ouest
Montréal (Québec), H2Z 1A2
Métro: Place-des-Arts/ Place-d'Armes
Tél.: (514) 874-9090;
Téléc.: (514) 874-0907
Sans frais: 1 800 578-7878 (É.-U. et Canada)

Holiday Inn Select Montréal Centre-Ville
(Downtown/Convention Centre)
99, ave Viger Ouest
Montréal (Québec), H2Z 1E9
Métro: Place-d'Armes
Tél.: (514) 878-9888
Téléc.: (514) 878-6341

Sans frais:1 800 HOLIDAY, 1 888 878-9888 (réservations)

Ritz-Carlton, Montréal
1228, rue Sherbrooke Ouest
Montréal (Québec), H3G 1H6
Métro: Peel
Tél.: (514) 842-4212/(514) 842-4222 (ventes)
Téléc.: (514) 842-3383 (clients), (514) 842-4907 (ventes et banquets)
(514) 842-2268 (réservations)
Sans frais: 1 800 363-0366 (Canada et É.-U.)

Hôtel Le Cantile Suites
1110, rue Sherbrooke Ouest
Montréal (Québec), H3A 1G9
Métro: Peel
Tél.: (514) 842-2000;
Téléc.: (514) 844-7808
Sans frais: 1 888 Cantlie/ 1 800 567-1110

Hôtel Maritime Plaza
1155, rue Guy
Montréal (Québec), H3H 2K5
Métro: Guy-Concordia/ Lucien-L'Allier
Tél.: (514) 932-1411; Téléc.: (514) 932-0446
Sans frais: 1 800 363-6255

Days Inn Montréal Métro-Centre
1005, rue Guy
Montréal (Québec), H3H 2K4
Métro: Lucien-L'Allier/Guy-Concordia
Tél.: (514) 938-4611;
Téléc.: (514) 938-8718
Sans frais: 1 800 567-0880

Novotel Montréal Centre
1180, rue de la Montagne
Montréal (Québec), H3G 1Z1
Métro: Peel/Lucien-L'Allier
Tél.: (514) 861-6000;
Téléc.: (514) 861-0992
Sans frais: 1 800 221-4542/1 800 NOVOTEL

Four Points Hôtel & Suites Sheraton Montréal Centre-ville
475, rue Sherbrooke Ouest
Montréal (Québec), H3A 2L9
Tél.: (514) 842-3961;
Téléc.: (514) 842-0945
Sans frais: 1 800 842-3961

Courtyard Marriott Montréal
410, rue Sherbrooke Ouest
Montréal (Québec), H3A 1B3
Métro: Place-des-Arts
Tél.: (514) 844-8855;
Téléc.: (514) 844-0912
Sans frais: 1 800 449-6654

Best Western Europa Centre-ville
1240, rue Drummond
Montréal (Québec), H3G 1V7
Métro: Peel
Tél.: (514) 866-6492;
Téléc.: (514) 861-4089
Sans frais: 1 800 361-3000

Château Versailles Hôtel & Tour
1659, rue Sherbrooke Ouest, Montréal (Québec), H3H 1E3 et
1808, rue Sherbrooke Ouest, Montréal (Québec), H3H 1E5
Métro: Guy-Concordia
Tél.: (514) 933-3611;
Téléc.: (514) 933-6967
Sans frais: 1 800 361-7199 (Canada), 1 800 361-3664 (É.-U.)

Best Western Ville-Marie Hôtel & Suites
3407, rue Peel
Montréal (Québec), H3A 1W7
Métro: Peel
Tél.: (514) 288-4141;
Téléc.: (514) 288-3021
Sans frais: 1 800 361-7791

Le Nouvel Hôtel
1740, boul. René-Lévesque Ouest
Montréal (Québec), H3H 1R3
Métro: Guy-Concordia
Tél.: (514) 931-8841;
Téléc.: (514) 931-3233
Sans frais: 1 800 363-6063

Hôtel Lord Berri
1199, rue Berri
Montréal (Québec), H2L 4C6
Métro: Berri-UQAM
Tél.: (514) 845-9236;
Téléc.: (514) 849-9855
Sans frais: 1 888 363-0363

Hôtel Taj Mahal
1600, rue Saint-Hubert
Montréal (Québec), H2L 3Z3
Métro: Berri-UQAM
Tél.: (514) 849-3214;
Téléc.: (514) 849-9812

Loews Hôtel Vogue
1425, rue de la Montagne
Montréal (Québec), H3G 1Z3
Métro: Peel
Tél.: (514) 285-5555;
Téléc.: (514) 849-8903
Sans frais: 1 800 465-6654

Quality Hôtel Centre-ville
3440, ave du Parc
Montréal (Québec), H2X 2H5
Métro: Place-des-Arts
Tél.: (514) 849-1413;
Téléc.: (514) 849-6564
Sans frais: 1 800 228-5151

L'Hôtel de la Montagne
1430, rue de la Montagne
Montréal (Québec), H3G 1Z5
Métro: Peel
Tél.: (514) 288-5656;
Téléc.: (514) 288-9658
Sans frais: 1 800 361-6262

Hôtel du Fort
1390, rue du Fort
Montréal (Québec), H3H 2R7
Métro: Atwater/Georges-
Vanier
Tél.: (514) 938-8333;
Téléc.: (514) 938-3123
Sans frais: 1 800 565-6333

Days Inn Montréal Centre-ville
215, boul. René-Lévesque
Est
Montréal (Québec), H2X 1N7
Métro: Saint-Laurent/
Champ-de-Mars
Tél.: (514) 393-3388;
Téléc.: (514) 395-9999
Sans frais: 1 800 Days-Inn
(329-7466), 1 800 668-3872

Hôtel Comfort Suites
1214, rue Crescent
Montréal (Québec), H3G 2A9
Métro: Lucien-L'Allier/Guy-
Concordia
Tél.: (514) 878-2711;
Téléc.: (514) 878-0030
Sans frais: 1 800 221-2222

Hôtel Le Saint-André
1285, rue Saint-André
Montréal (Québec), H2L 3T1
Métro: Berri-UQAM
Tél.: (514) 849-7070;
Téléc.: (514) 849-8167
Sans frais: 1 800 265-7071

Hôtel Montréal-Crescent
1366, boul. René-Lévesque
Ouest
Montréal (Québec), H3G 1T4
Métro: Lucien-L'Allier
Tél.: (514) 938-9797;
Téléc.: (514) 938-9797
Sans frais: 1 800 361-5064

Hôtel Saint-Denis
1254, rue Saint-Denis
Montréal (Québec), H2X 3J6
Métro: Berri-UQAM
Tél.: (514) 849-4526;
Téléc.: (514) 849-4529
Sans frais: 1 800 363-3364

Hôtel de L'Institut
3535, rue Saint-Denis
Montréal (Québec), H2X 3P1
Métro: Sherbrooke
Tél.: (514) 282-5120;
Téléc.: (514) 873-9893
Sans frais: 1 800 361-5111
(Québec seulement)
Petit déjeuner inclus. Accès
pour personnes handicapées.

Hôtel Bourbon
1574, rue Sainte-Catherine
Est
Montréal (Québec), H2L 2J2
Métro: Beaudry
Tél.: (514) 523-4679;
Téléc.: (514) 523-1599
Sans frais: 1 800 268-4679

Hôtel de Paris enr.
901, rue Sherbrooke Est
Montréal (Québec), H2L 1L3
Métro: Sherbrooke
Tél.: (514) 522-6861;
Téléc.: (514) 522-1387

Hôtel du Nouveau Forum
1320, rue Saint-Antoine
Ouest
Montréal (Québec), H3C 1C2
Métro: Lucien-L'Allier
Tél.: (514) 989-0300;
Téléc.: (514) 931-3090
Sans frais: 1 888 989-0300
Courriel:
hdforum@globale.net

Hôtel de La Couronne
1029, rue Saint-Denis
Montréal (Québec), H2X 3H9
Métro: Champ-de-Mars/
Berri-UQAM
Tél.: (514) 845-0901

Hôtel l'Abri du Voyageur
9, Sainte-Catherine Ouest
Montréal (Québec), H2X 1Z5
Métro: Saint-Laurent/Place-
des-Arts
Tél.: (514) 849-2922
Téléc.: (514) 499-0151

Auberge des Glycines inc.
819, boul. de Maisonneuve
Est
Montréal (Québec), H2L 1Y7
Métro: Berri-UQAM
Tél.: (514) 526-5511;
Téléc.: (514) 523-0143
Sans frais: 1 800 361-6896

Hôtel Manoir des Alpes
1245, rue Saint-André
Montréal (Québec), H2L 3T1
Métro: Berri-UQAM
Tél.: (514) 845-9803;
Téléc.: (514) 845-9886
Sans frais: 1 800 465-2929

Auberge Mont-Royal
4544, ave du Parc
Montréal (Québec), H2V 4E3
Métro: Mont-Royal
Tél.: (514) 274-5000
Téléc.: (514) 274-1414

Hôtel La Résidence du Voyageur
847, rue Sherbrooke Est
Montréal (Québec), H2L 1K6
Métro: Sherbrooke
Tél.: (514) 527-9515
Téléc.: (514) 526-1070

Hôtel Château de l'Argoat
524, rue Sherbrooke Est
Montréal (Québec), H2L 1K1
Métro: Sherbrooke
Tél.: (514) 842-2046
Téléc.: (514) 286-2791

Auberge Le jardin d'Antoine
2024, rue Saint-Denis
Montréal (Québec), H2X 3K7
Métro: Berri-UQAM/
Sherbrooke
Tél.: (514) 843-4506
Téléc.: (514) 281-1491
Sans frais: 1 800 361-4506

Hôtel Viger Centre-ville
1001, rue Saint-Hubert
(coin Viger)
Montréal (Québec), H2L 3Y3
Métro: Berri-UQAM
Tél.: (514) 845-6058
Téléc.: (514) 844-6068
Sans frais: 1 800 845-6058,
poste 599
Courriel: viger@axess.com

Hôtel Manoir Sherbrooke
157, rue Sherbrooke Est
Montréal (Québec), H2X 1C7
Métro: Sherbrooke/
Saint-Laurent
Tél.: (514) 845-0915
Téléc.: (514) 284-1126

Manoir Ambrose
3422, rue Stanley
Montréal (Québec), H3A 1R8
Métro: Peel
Tél.: (514) 288-6922
Téléc.: (514) 288-5757
Sans frais: 1 800 565-5455,
poste 115

Auberge de la Fontaine
1301, rue Rachel Est
Montréal (Québec), H2J 2K1
Métro: Mont-Royal
Tél.: (514) 597-0166
Téléc.: (514) 597-0496
Sans frais: 1 800 597-0597

Hôtel Casa Bella inc.
264, rue Sherbrooke Ouest
Montréal (Québec), H2X 1X9
Métro: Place-des-Arts
Tél.: (514) 849-2777
Téléc.: (514) 849-3650

Castel Saint-Denis
2099, rue Saint-Denis
Montréal (Québec), H2X 3K8
Métro: Berri-UQAM/
Sherbrooke
Tél.: (514) 842-9719
Téléc.: (514) 843-8492

Hôtel le Saint-Malo
1455, rue du Fort
Montréal (Québec), H3H 2C2
Métro: Guy-Concordia
Tél.: (514) 931-7366
Téléc.: (514) 931-3764

Hôtel Le Breton
1609, rue Saint-Hubert
Montréal (Québec), H2L 3Z1
Métro: Berri-UQAM
Tél.: (514) 524-7273
Téléc.: (514) 527-7016

Hôtel Villard
307, rue Ontario Est
Montréal (Québec), H2X 1H7
Berri-UQAM
Tél.: (514) 845-9730
Téléc.: (514) 844-6910
Sans frais: 1 800-394-9730

Maison Brunet inc.
1035, rue Saint-Hubert
Montréal (Québec), H2L 3Y3
Métro: Berri-UQAM
Tél.: (514) 845-6351
Téléc.: (514) 848-7061

BED & BREAKFAST

Les tarifs indiqués sont valables pour deux personnes, en haute saison. Les Bed & Breakfast offrent souvent des rabais en basse saison.

Centre-ville

Le Penthouse
1625, boul. de Maisonneuve
Ouest, app. 2609
Montréal, H3H 1N4
(514) 933-4399
75-95 $

Detour B&B
2267, rue du Souvenir
Montréal, H3H 1S3
(514) 934-1564
60 $

Au 3438
3438, rue Stanley
Montréal, H3A 1R8
(514) 843-5820
80–90 $

Auberge Montpetit
3431, rue Aylmer
Montréal, H2X 2B4
(514) 845-3984
24 $ (pour une personne)

Petite Auberge Les Bons Matins B&B
1393, rue Argyle
Montréal, H3G 1V5
(514) 943-8641
90–125 $

Jacky's Bed and Breakfast
3450, rue Drummond
n° 1118A
Montréal, H3G 1Y2
(514) 287-1022
90 $

Mona Kaufmann
1230, ave Docteur Penfield
Montréal, H3G 1B5
(514) 842-3939
65 $

Gîte Montréal, Centre-Ville
3462, ave Laval
Montréal, H2X 3C8
(514) 289-9749
1 800 267-5180
95 $

Maison de Bullion
3424, rue de Bullion
Montréal, H2X 2Z9
(514) 287-9495
65 $

Centre de la ville – Ouest

Le Bosquet Coursol
2251, ave Coursol
Montréal, H3J 1C6
(514) 931-1371
60–95 $

My house
772, rue Lusignan
Montréal, H3C 1Y9
(514) 931-8633
75 $

Lola's Bed & Breakfast
4805 de Maisonneuve Ouest
Montréal, H3Z 1M4
(514) 937-6454
45–75 $

Au Bonheur d'Occasion
846, rue Agnès
Montréal, H4C 2P8
(514) 935-5898
75 $

Montréal, Oasis
3000, rue de Breslay
Montréal, H3Y 2G7
(514) 935-2312, (514) 237-4875
75–80 $

Centre de la ville – Est

À l'Adresse du centre-ville
1673, rue Saint Christophe
Montréal, H2L 3W7
(514) 528-9516
65 $

Auberge l'Un et l'Autre
1641, rue Amherst
Montréal, H2L 3L4
(514) 597-0878
85–99 $

Au Git'Ann Bed & Breakfast
1806, rue Saint-Christophe
Montréal, H2L 3W8
(514) 525-3938
35–50 $

Gîte Sympathique du Centre-Ville
3728, rue Saint-Hubert
Montréal, H2L 4A2
(514) 843-9740
85 $

Gîte Joël Andriet
2568, rue Joliette
Montréal, H1W 3G9
(514) 525-0826
55–60 $

Chez Roger Bontemps B&B et résidence pour touriste
1441-1445, rue Wolfe
Montréal, H2L 3J5
(514) 598-9587,
(888) 634-9090
85–120-240

Gîte Le Chat bleu
409, rue Saint-Hubert
Montréal, H2L 4A8
(514) 527-3421
67 $

Daisy's Suites
1599, rue Panet
Montréal, H2L 2Z4
(514) 521-5846
80–90 $

Gîte B&B du Parc
1308, rue Sherbrooke Est
Montréal, H2L 1M2
(514) 528-1308
95–140 $

Painpignon
1272, rue Sherbrooke Est
Montréal, H2L 1M1
(514) 597-1955
65 $

Plateau Mont-Royal

(Hutchison jusqu'à Iberville et Sherbrooke jusqu'à Rosemont)

L'Urbain
5039, rue Saint-Urbain
Montréal, H2T 2W4
(514) 277-3808
65–70 $

Au roselin de bagatelle
4534, ave de l'Esplanade
Montréal, H2T 2Y5
(514) 499-9585
60 $

Maison Grégoire
1764, rue Wolfe
Montréal, H2X 2Z9
(514) 524-8086
1 888 524-8086
185 $

Gîte de l'oie blanche
3490, rue Jeanne-Mance
Montréal, H2X 2J8
(514) 282-9861
70 $

Gîte Gaëtan Breton
3724, rue Jeanne-Mance
Montréal, H2X 2K5
(514) 845-4680
55–65 $

Studios Jacqueline
3463, rue Sainte-Famille
Montréal, H2X 2K7
(514) 845-7711
80 $

Gîte du Plateau Mont-Royal
185, rue Sherbrooke Est
Montréal, H2X 1C7
(514) 522-3910
19 $ (pour une personne)

Le Gîte Mariposa
484, rue Prince-Arthur Ouest
Montréal, H2X 1T5
(514) 843-7373
95 $

Bed & Breakfast de chez nous
3717, rue Sainte-Famille
Montréal, H2X 2L7
(514) 845-7711
65–70 $

Alacoque Bed and Breakfast Revolution
2091, rue Saint-Urbain
Montréal, H2X 2N1
(514) 842-0938
Téléc.: (514) 842-7585
100 $

Chambre avec Vue/ Bed and Banana
1225, ave de Bullion
Montréal, H2X 2Z3
(514) 878-9843
55–65 $

Marmelade Bed and Breakfast
1074, rue Saint-Dominique
Montréal, H2X 2W2
(514) 876-3960
75–100 $

Chez Pierre et Dominique
271, carré Saint-Louis
Montréal, H2X 1A3
(514) 286-0307
45–80 $

Gîte Touristique et appartements du centre-ville
3523, rue Jeanne-Mance
Montréal, H2X 2K2
(514) 845-0431
50–75 $

Chez Alexandre le bien-heureux
3432, rue Hutchison
Montréal, H2X 2G4
(514) 282-3340
75–85 $

Castel Durocher
3488, rue Durocher
Montréal, H2X 2E1
(514) 282-1697
85 $

La Maison Côté
3422, ave Laval
Montréal, H2X 3C8
(514) 844-5897
1 800 227-5897
85–95 $

Chez Pierre
3600, ave Laval
Montréal, H2X 3C9
(514) 284-4226
49–78 $

Aux portes de la nuit
3496, ave Laval
Montréal, H2X 3C8
(514) 848-0833
80–90 $

A Bed & Breakfast Downtown Network
3458, ave Laval
Montréal, H2X 3C8
(514) 289-9749
(800) 267-5180
35–95 $

Angelica Blue Bed and Breakfast
1215, rue Sainte-Elizabeth
Montréal, H2X 3C3
(514) 844-5048
105–120 $

Chez Jean
4136, ave Henri-Julien H2W
2K3
(514) 843-8279
17 $ (pour une personne)

Le Zèbre
1281, ave Laval
Montréal, H2W 2H8
(514) 844-9868
65 $

Welcome Bed and Breakfast
3950, ave Laval
Montréal, H2W 2J2
(514) 844-5897
Sans frais: 1 800 227-5897
65–75-85-95 $

Relais Montréal, Hospitalité
2977, ave Laval
Montréal, H2W 2H9
(514) 287-9635
Sans frais: 1 800 363-9635
60 $

Studios du quartier latin
2024, rue Saint-Hubert
Montréal, H2J 2P8
(514) 840-9144
55 $

Le Matou
4420, rue Saint-Denis
Montréal, H2J 2L1
(514) 982-0030
90 $

Le Cottage Brébeuf
4277, rue Brebeuf
Montréal, H2J 3K6
(514) 526-4846
105 $(unit)

Gîte toujours dimanche
1131, rue Rachel
Montréal, H2J 2J6
(514) 527-2395
65 $

Shezelles
4272, rue Berri
Montréal, H2J 2P8
(514) 849-8694
Téléc.: (514) 528-8290
70–100 $

Gîte La Cinquième Saison
4396, ave Boyer
Montréal, H2J 3E1
(514) 522-6439
65 $

Coteau Saint-Louis
5210, rue Berri
Montréal, H2J 2S5
(514) 495-1681
68–72 $

À la Dormance
4425, rue Saint-Hubert
Montréal, H2J 2X1
(514) 529-0179
50–70 $

Couette et café Cherrier
522, rue Cherrier
Montréal, H2L 1H3
(514) 982-6848
55–80 $

Au Château Cherrier
550, rue Cherrier
Montréal, H2L 1H3
(514) 844-0055
65 $

Entre Rachel et Marianne
4234, rue De Lorimier
Montréal, H2H 2B1
65 $

La Pension Vallières
6562, rue De Lorimier
Montréal, H2G 2P6
(514) 729-9552
60-73 $

Le Gîte du parc Lafontaine
1250, rue Sherbrooke Est
Montréal, H2L 1M1
(514) 522-3910
19–43 $ (pour une
personne)

**Cherie Cherrier B A Guest
B&B**
422, rue Cherrier
Montréal, H2L 2N2
(514)738-9410
1-800 738-4338
80 $

Chagri Bed and Breakfast
1268, rue Sherbrooke Est
Montréal, H2L 1M1
(514) 947-1692
65 $

Maison Brunet
1035, rue Saint-Hubert
Montréal, H2L 3Y3
(514) 845-6351
64 $

La Maison jaune
2017, rue Saint-Hubert
Montréal, H2L 3Z6
(514) 524-8851
55–65 $

La Maison cachée
2121, ave Saint-Christophe
Montréal, H2L 3X1
(514) 522-4451
70–80 $

La Maison du jardin
3744, rue Saint-André
Montréal, H2L 3V7
(514) 598-8862
60–85 $

À la bonne étoile
5193, rue de Bordeaux
Montréal, H2H 2A6
(514) 525-1698
60 $

À la gloire du matin
4776, rue Parthenais
Montréal, H2H 2G7
(514) 523-3019
60–80 $

Chez François
4031, ave Papineau
Montréal, H2K 4K2
(514) 239-4638
75–100 $

Village gay
Turquoise
1576, rue Alexandre-de-Sève
Montréal, H2L 2V7
(514) 523-9943
70 $

Le Roi d'carreau
1637, rue Amherst
Montréal, H2L 3L4
(514) 524-2493
75–105 $

Les Dauphins
1281, rue Beaudry
Montréal, H2L 3E3
(514) 525-1459
40–65 $

Douillette et Chocolat
1631, rue Plessis
Montréal, H2L 2X6
(514) 523-0162
65 $

Ruta Bagage
1345, rue Sainte-Rose
Montréal, H2L 2J7
(514) 598-1586
70 $

Chambres au Village
850, rue de la Gauchetière
Est
Montréal, H2L 2N2
(514) 844-6941
60–70 $

Vieux-Montréal

Appart-Hôtel du Vieux-Montréal
405, rue Saint-Dizier
Montréal, H2Y 2Y1
(514) 286-0055
170-240 $

Le gîte vieux Montréal, bed & breakfast
209, rue Saint-Paul Ouest,
app. 500
Montréal, H2Y 2A1
(514) 288-1109
65 $

Le Beau Soleil
355, rue Saint Paul Est
Montréal, H2Y 1H3
(514) 871-0299
80 $

Downtown Provincial Bed and Breakfast
206 Saint-Paul Ouest, app. 200
Montréal, H2Y 1Z9
(514) 285-4060
55–90 $

«West Island»

Sainte-Anne Bed & Breakfast
27-A, rue Perrault
Sainte-Anne-de-Bellevue,
H9X 2E1
(514) 457-9504
50–70 $

Gîte Maison Jacques
4444, rue Paiement
Pierrefonds, H9H 2S7
(514) 696-2450
53–58 $

Gîte le Vernet
17 703, rue Meloche
Pierrefonds, H9J 3R4
(514) 624-6592
55–75 $

Les Lorrains
21, 50e Avenue
Lachine, H8T 2T4
(514) 634-0884
60 $

LaSalle et Verdun

Au Pied des Rapides
96, 2e Avenue
LaSalle, H8P 2G2
(514) 366-0024
55 $

Chez Edwin et Lucille Mackay
96, 2e Avenue
LaSalle, H8P 2G2
(514) 366-0024
50–55 $

Pacane et Potiron café/couette
1430, ave Rolland
Verdun, H4H 2G6
(514) 769-8315
70–95 $

Montréal – Notre-Dame-de-Grâce, Westmount

Carole's Purrfect Bed and Breakfast
3428, rue Addington
Montréal, H4A 3G6
(514) 486-3995
70–75 $

Overseas Travellers' Club
3497, rue Girouard
Montréal, H4A 3C5
(514) 489-9441
55 $

Manoir Harvard
4805, ave Harvard
Notre-Dame-de-Grâce,
H3X 3P1
(514) 488-3570
100-125 $

Gîte Gilbert
1901, ave Clinton H3S 1L2
(514) 342-2179
45–65 $

Outremont et les environs

Cité Chic Couette & Café
64, ave Nelson
Outremont, H2V 3Z7
(514) 279-4659
95–120 $

Forest Hill Bed and Breakfast
3210, rue Forest Hill,
suite 1406
Montréal, H3V 1C7
(514) 738-9410
50–75 $

Gîte La Porte des nuages
823, rue Collard
Montréal, H2C 3H8
(514) 272-6346
65 $

Nord et Est

Côté Cour, gîte urbain
4225, rue Saint-André
Montréal, H2J 2Z3
(514) 598-5075
70–75 $

Le Clos des épinettes
1-10358, rue Parthenais
Montréal, H2B 2L7
(514) 382-0737
60 $

La Maison Peyrot
6822, 25e Avenue
Montréal, H1T 3L9
(514) 721-3010
60 $

Chez Monique et Christian B&B
1508, rue Jeanne-D'Arc
Montréal, H1W 3T4
(514) 522-2869
50 $

B&B Comme Chez-Vous
5105, rue Bélanger
Montréal, H1T 1C7
(514) 374-0561
35–45 $

Au gîte olympique
2752, boul. Pie IX
Montréal, H1V 2E9
(514) 254-5423
Sans frais: (888) 254-5423
75–85 $

À la belle vie
1408, ave Jacques-Lemaistre
Montréal, H2M 2C1
(514) 381-5778
55–60 $

Le 6400 Couette et Café bed and breakfast
6400, rue Lemay
Montréal, H1T 2L5
(514) 259-6400
60–65 $

Le Petit Bonheur
6790, rue Lemay
Montréal, H1T 2L5
(514) 256-3630
50–65 $

La Victorienne
12 560, rue Notre-Dame Est
Montréal, H1B 2Z1
(514) 645-8328
50 $

Laval

Via Lavoisier Bed & Breakfast
153, ave Lavoisier
Laval, H7N 3J5
(514) 978-7400,
(514) 946-5118
75–140 $

Rive-Sud

La Villa des Fleurs, gîte du passant
45, rue Gaudreault
Repentigny, J6A 1M3
(450) 654-9209
50 $

Au jardin d'Alexandre
8135, ave Niagara
Brossard, J4Y 2G2
(450) 445-2200
50 $

Le Relais des îles Percées
85, rue des Îles-Percées
Boucherville, J4B 2P1
(450) 655-3342
(450) 655-3342
55 $

Universités, dortoirs et auberges de jeunesse

Université Concordia
7141, rue Sherbrooke Ouest
Montréal, H4B 1R6
(514) 848-4757
22–29 $

Résidences de l'université McGill
3425, rue Université
Montréal, H3A 2A8
(514) 398-6367
33 $

Université de Montréal, service des résidences
2350, boul. Édouard-Montpetit
Montréal, H3C 3L7
(514) 343-6531
23–33 $

Université du Québec à Montréal
303, boul. René-Lévesque Est
Montréal, H2X 3Y3
(514) 987-6669
33–85 $

Résidence Lalemant — Collège Brébeuf
5625, ave Decelles
Montréal, H3T 1W4
(514) 342-1320
38 $

Y.W.C.A
1355, boul. René-Lévesque Ouest
Montréal, H3G 1T3
(514) 866-9941
22–55 $

Y.M.C.A de Montréal
(succursale centre-ville)
1450, rue Stanley
Montréal, H3A 2W6
(514) 849-8393
28–56 $

Auberge de jeunesse de L'Hôtel de Paris
901, rue Sherbrooke Est
Montréal, H2L 1L3
(514) 522-6861
800 567-7217
17$ (pour une personne)

Auberge de jeunesse de L'Hôtel de Paris (Annexe)
874, rue Sherbrooke Est
Montréal, H2L1K9
(514) 522-6861
800 567-7217
17 $ (simple)

Auberge de jeunesse de Montréal, Hostelling International
1030, rue Mackay
Montréal, H3G 2H1
(514) 843-3317
20–60 $

Résidence du Collège de Bois-de-Boulogne
10 500, ave Bois-de-Boulogne
Montréal, H4N 1L4
(514) 332-3008
22–33 $

Collège Français
5155, ave de Gaspé
Montréal, H2T 2A1
(514) 270-4459
31–81 $

Index

Commentaires et suggestions

C'est inévitable: les prix finissent par changer; les établissements, par passer à de nouveaux propriétaires; et les festivals, par se tenir à de nouvelles dates. Sans compter que les événements ne sont pas nécessairement aussi remarquables d'une année à l'autre. Et en dépit de tous nos efforts, des erreurs peuvent s'être glissées dans le texte. Enfin, peut-être voudrez-vous nous faire découvrir une nouvelle destination. Quelle que soit la raison, nous aimerions avoir de vos nouvelles. N'hésitez donc pas à nous faire part de vos commentaires et suggestions, en nous écrivant à l'une des adresses suivantes:

Publications Sans Domicile Fixe
C. P. 65, succ. Notre-Dame-de-Grâce
Montréal (Québec)
Canada H4A 3P4

Courrier électronique: nfa@cam.org

Pour obtenir un exemplaire

Vous avez bien aimé le guide et aimeriez en commander un exemplaire directement de l'éditeur? Il vous suffit de remplir le formulaire ci-dessous (ou de vous en faire une copie). Des rabais sont offerts aux agences de voyages, au personnel scolaire et aux guides touristiques.

Titre	Quantité	Prix	Total
Escapades d'un jour, Montréal		14,95 $	_____
Get Outta Town! Montreal		14,95 $	_____
Escapades en ville! Montréal		14,95 $	_____
Get Around Town! Montreal		14,95 $	_____
		Total partiel:	_____
		Au Canada ajouter le TPS de 7 % (1,05 $ par quide)	_____
		Frais de transport et de manutention	Gratuit
Mode de paiement: ☐ Mandat ☐ Chèque		Total	_____

Nom: _____

Adresse: _____

Ville: _____ Code postal: _____

Province: _____ Pays: _____

Signature: _____